綜觀《周易》卜筮

薄喬萍 著

Family Sky 天空數位圖書出版

作者簡介

薄喬萍，一九四五年出生於青島市。

學歷：

美國凱斯西儲大學管理科學博士。

歷任：

大學講師、副教授、教授、系主任、所長、主秘、院長、教務長。

著作：

《服務業管理》、《作業研究、決策分析》、《資料包絡法之績效評估》、《隨機網路》、《影響點偵測之檢定》、《第六項修練》、《第七項修練》、《資料包絡分析法模式之建立》、《命理預測的科學驗證》、《《易》學數理探索與創意》、《綜觀《周易》卜筮》。

已完成尚未出版之著作：

《看故事學《周易》》、《結合九星與四種血型之動態人際關係》。

序

自古以來，從《周易》所流傳的筮法是「大衍筮法」。「大衍筮法」一直是《周易》的正統筮法，這種筮法雖然具有許多優良的筮法功能，但卻仍然有些不足之處：譬如，《大衍筮法》全憑卜筮者「人天感應」的揲蓍，但是，眾所周知「人天感應」豈是一蹴即可全神感應的？尤其是，愈往後代，人們與「天」溝通的靈性愈趨薄弱，難怪許多《易》學專家都認為《大衍筮法》的準確性不高。其實，不僅是《大衍筮法》的準確性不高，任何一種命理卜筮方法都不可能神準。既然如此，我們後世之人，為何還要相信《周易》所流傳的筮法？這些疑惑之處，都是本書之撰寫、想要探討之處。為了釐清許多世人對於卜筮的是「迷信」的誤解，本書首先就要將「《周易》與卜筮」作一說明，並解釋《周易》的卜筮不是迷信的道理。

各種占筮的方法中，《大衍筮法》一直是據有著主導的地位，但是近年來，已見到許多《易》學專家認為「大衍筮法」的精準度不夠；又，從馬王堆出土的文物群中的帛書《要》，裡面記載了一段有關孔子、子貢對占卜的對話，其中孔子說道：「吾百占而七十當」，也就是說，孔子他占卜一百次只有七十次是占卜與結果相應的。從這兩件事情來看，不禁令人懷疑《大衍筮法》是不是真是如同自古傳說的優良筮法？

其實，不是這個筮法不高明，實際上是因為卜筮者的「人天感應」之能力不足。這種認知就是《繫辭傳》所說：「神而明之，存乎其人。」也就是說「卜卦」與「未來」如何聯繫，只有「神而明之」之人才得知曉，亦即，先要能產生了正確的「人天感應」，才能知曉正確的「未來」。但是，如何才能做到有效的「人天感應」？筆者認為這是需要長期的「靜修」，沒有長足的刻意修養，不可能做到了「人天感應」；其次，《易》學研究的朋友們，雖然經常應用卜筮，卻又往往忽略了一件事：無論使用何種卜筮方法，每次所卜出的結果並不相同。「不相同」是非常合理、正常的現象，因為一次卜筮的原理，就相當於統計學中的一次「抽樣」。既然是「抽樣」，就必然有誤差，統計學中，以多次「抽樣」所產生的「標準差」，用以計算「區間估計」的「誤差半徑」。如何，引用「區間估計」？所需藉助《叁伍筮法》。《易》學大師盧泰先生的大作「理數不二學周易」，書中提出了以《周易》筮法為核心，亦即以《易傳》中的“叁伍以變，錯綜其數”，成功地還原了《周易》筮法。這個《易》學正統的筮法，即為《叁伍筮法》。

《叁伍筮法》正是具有多次抽樣之功能。因為，《叁伍筮法》每次立卦，同時可以產生「時方法」、「方時法」及「時空法」，這三種方法所產生之卦象各不相同，此種現象就相當於多次抽樣。

為了澄清並透視《周易》筮法的精隨，本書特將「《周易》與卜筮」、《大衍筮法》、《叁伍筮法》以及各種卜筮的基本概念，再加以整理詮釋，又為了提供《大衍筮法》及《叁伍筮法》的卜筮說明，再加上六十四卦之卦、爻辭簡介，每一卦也附帶了一些簡明的斷卦。因此，本書之撰寫可分為以下序論及兩篇、一附錄。本書之內容如下：

緒論：《周易》的內涵

壹、「《周易》與卜筮」，其中內容包含：一、卜筮的道理；二、孔子對於卜筮的看法；三、卜筮與人天感應；四、孔子的卜筮也不能達到 100%神準；五、神、鬼之說。

貳、《周易》卜筮不是迷信，其中各節包含：一、《周易》卜筮之精神；二、世人對於「天」的定義之誤解；三、誤解「太極」、「陰陽」、「五行」、「八卦」等神秘符號之定義；四、《周易》卜筮的神秘性令人誤解；五、誤解《周易》卜筮的真正功用。

第一篇、《大衍筮法》

壹、《大衍筮法》之起源，其中各節包含：一、《大衍筮法》之實施步驟 ；二、大衍之數五十何以其用四十九？三、以五十數作為起卦之數；四、以五十

五作為起卦之數 ；五、各種起卦方式之優劣比較。此章應用了一些簡單的數學推算，可以得到純用文字推理，所不易講得清楚的道理。

貳、為何「大衍筮法」之準確性不高？本章提出二十九個測不準的原因。

叁、《周易》應用的「人天感應」。

其中各節包含：一、「人天感應」之真諦；二、潛意識；三、集體潛意識；四、卜筮的道理。

肆、「卜筮」可以啟發“靈感”激發“創意”。

其中各節包含：一、華夏先民的卜筮；二、常見的「命理預測」方法；三、引導“靈性思維”的命理行為；四、聖人之「命理預測」 ； 五、凡夫俗子的「命理預測」是啟發“靈感”、激發“創意”。

伍、大衍筮法之應用。例一、大衍筮法預測考試運勢；例二、大衍神算預測股價升降；例三、《大衍筮法》推斷改換職場跑道與前途發展；例四、小強的新春展望。

第二篇、《周易》之《叁伍筮法》

本篇主要是參考《易》學大師盧泰先生的大作「理數不二學周易」，書中提出了以《周易》筮法為核心，亦即以《易傳》中的“叁伍以變，錯綜其數”，成功地還原了《周易》筮法。

本篇之特色，除了忠於原作之精髓之外，鑒於原作中需要反覆查閱圖表，本篇特別設計了一些簡單的公式，讀者們不必再花費功夫查表，只需依照公式即可得到與原作相同之結果；另外，本書對於一再強調卜筮的信賴區間，本篇也特別舉例說明信賴區間之建立方法。

壹、前言

貳、《叁伍筮法》之背景來源。各節包含：一、背景依據；二、 《周易》之叁天兩地；三、「叁伍筮法」的佈局；四、第二篇公式彙整；五、《易經》六十四卦。

叁、案例說明

附錄、《周易》筮法之斷卦

本篇包含《周易》六十四卦各卦之卦辭及爻辭，各卦之後皆附有簡明之斷卦說明。

本書之撰寫，使用了一些數學工具，這是一種與傳統討論《周易》頗不相同的創舉。數學之應用，旨在突破舊有思維的巢臼，也藉此拋磚引玉，歡迎更多的《周易》學者，也一起考慮以數學的角度切入探討。

薄喬萍　謹識於高雄市

目錄

緒論、透視《周易》 **1**

壹、《周易》與卜筮 1

一、卜筮的道理

二、孔子對於卜筮的看法

三、卜筮與「人天感應」

四、孔子的卜筮也不能達到100%神準

五、神、鬼之說

貳、《周易》卜筮不是迷信 9

一、《周易》卜筮之精神

第一篇、《大衍筮法》 **13**

壹、《大衍筮法》之起源 13

一、《大衍筮法》之實施步驟

二、以〈梅花易數》的體、互、變卦，解決不確定的爻變斷卦

三、《大衍筮法》中的五十和四十九

四、《大衍筮法》缺少數理研究

貳、為何任何「命理預測方法」之準確性都不高 26

一、《大衍筮法》的缺點

二、其他各種「命理預測」方法之缺點

叁、《周易》應用的人天感應 37

一、「人天感應」之真諦

二、潛意識

三、集體潛意識

四、卜筮的道理

五、結　論

肆、「卜筮」可以啟發"靈感"激發"創意" 48

一、華夏先民的卜筮

二、常見的「命理預測」方法

三、引導"靈性思維"的命理行為

四、聖人之「命理預測」

五、凡夫俗子的「命理預測」是啟發"靈感"、激發"創意"

六、結　論

伍、《大衍筮法》之應用 65

例一、《大衍筮法》預測考試運勢

例二、《大衍筮法》預測股價升降

例三、《大衍筮法》推斷改換職場跑道與前途發展

第二篇、《周易》叁伍筮法 73

壹、前言 73

貳、《叁伍筮法》之背景來源 74

一、背景依據

二、《周易》之叁天兩地

三、《叁伍筮法》的佈局

四、第二篇公式彙整

五、《易經》六十四卦

六、案例說明

七、結　論

參考文獻 111

附　錄 113

一、《周易》「斷卦」之依據 113

二、我的「命理」緣份 177

三、卦序之推論 181

緒論、透視《周易》

壹、《周易》與卜筮

「大衍筮法」在《周易》原文中，是最早見諸記載的「周易筮法」，為歷代《易》學學者所喜愛和推崇的筮法。孔子晚年喜《易》，也對於卜筮產生了極大的興趣。因此，對於「大衍筮法」的研究非常熱衷，但是他也自承「百占而七十當」，亦即，卜筮的準確度只有 70%，這個事實不禁令人困惑，究竟卜筮能不能做到「神準」，如果根本做不到「神準」，我們為什還願意去相信它？

六、七千年以前，華夏民族的老祖先伏羲氏，具有超高智慧的他，就已經開始想到人類和宇宙間的關係，伏羲氏生活的年代，還存留在以畜牧維生的時期，人類每日面臨著與大自然的搏鬥、競爭，經常面臨著冬日的嚴寒、夏日的酷曬、洪水猛獸的迫害。

為了保護族人的生活與生存，伏羲氏日夜不停地思索，怎樣才能預先知道什麼時候會有颶風、什麼時候會發洪水？伏羲氏仰觀天上星斗，發現了天上星斗的變動，和地上地態的變動，都是息息相關，有著井然有序的規律，他再觀察晝夜四時，白天、晚上、晚上接著又白天；四季也是按照春、夏、秋、冬，數十年、數百年來都不會更改的秩序；不僅如此，他又發現人世間的各種活動，都和天象的運轉、地文的更動，都具有相當高度的關聯。伏羲氏暗暗地思索著，能不能找出一些規律，可以預先知道天道、地理的更動，可以事先知道一些對人類有幫助的訊息？他用了一些簡單的符號，記錄著宇宙間的萬事、萬物，這些符號就是今日所見到的「八卦」。八卦中的乾、兌、離、震、巽、坎、艮、坤，各代表著天、澤、太陽、雷、風、水、山、和大地。關於這一段的發現，係根據《繫辭》的記載：「古者包羲氏之王天下也，仰則觀象于天，俯則觀法於地，觀鳥獸之文與地之宜，進取諸身，遠取諸物，于是始作八卦，以通神明之德，以類萬物之情。」

從這一段文字看來，伏羲氏作八卦，不僅是為了記錄萬事、萬物的發生情景，而更重要的是為了「以類萬物之情」，而後「以通神明之德」。如何可以用簡單的符號和儀式，得以與神明溝通？這就是日後所發展出來的各種「卜筮」方法之由來。

卜筮即卜與筮的合稱。卜，是指龜卜；筮就是蓍。卜筮是古人用以預測大自然萬事、萬物變化規律的方法。其中，龜卜是較早使用的預測工具，當有重大事物需要預測時，由巫者將龜殼鑿上一些小洞，然後用火燻烤，以烤後所產生龜殼上的紋路，作為巫師預測未來事物發生的依據。這種預測方法，目前已經很少再使用了。

各種不同的卜筮方法，歷經數千年傳承不息，有關「大衍筮法」有案可考的就有一百餘例，而其他周易術數方法的源頭，皆是來源于《大衍筮法》，「大衍筮法」也是完全遵照《易經》之卦、爻辭來作斷卦的方法。

自「古者包犧氏之王天下也，仰則觀象於天，俯則觀法於地，觀鳥獸之文與地之宜，進取諸身，遠取諸物，於是始作八卦，以通神明之德，以類萬物之情。」由此，中華遠古文化，從野蠻而趨向於文明，從游牧而進於農商，都是根據八卦的列象所產生的「天人合一」之理念所成。聖人伏義氏畫八卦之後，到了周朝，周文王將八卦相重，成為六十四卦、三百八十四爻，為了解釋內容涵意，文王寫卦辭、周公寫爻辭而成《周易》。

從《周易》的來源說起，很清楚地知道《周易》就是在講天、人與地之間的關係。這個關係的背後依據，就是大自然中的地球、月亮和太陽之間的關係，這三者之間的相互運動，就會產生與人類的「吉」、「凶」、「禍」、「福」密切關係。因此，《周易》這部書就是告訴人們，如何「趨吉避凶」、「合天地順人心」、「求生存謀發展」的智慧寶庫。

由於《周易》是從周朝而集大成，因此也有學者認為這是周朝之「周易」，以與另外兩種「歸藏易」和「連山易」作出區別。而，另外還有說法，認為所謂的「周」，是指「周而復始」、「周期循環」的「周」（盧泰，2002）。以時間來說，一年四季的春、夏、秋、冬；一日之計的日出、日落，皆都遵循著不變的「周而復始」；以方位之變化來說，根據不同的季節時日，地球環繞太陽的軌道、月球環繞的軌道，也都是「周而復始」地產生了不同的四時節氣。因此，《周易》是指人們在天地之間「周而復始」的「趨吉避凶」法則的經典。

很多人弄不清楚《易經》和《周易》有何不同。然而，這兩者不僅是稱謂不同，實際上，《易經》的範圍較廣，其中包含了《周易》。

《易經》原是古時候的卜筮之術，但是到了商、周之際，隨著商人和文字的到來，社會發生了急劇的變化，八卦也漸漸不能滿足人們的需要了。這時，周文王姬昌將八個卦兩兩重疊組合，推演而出六十四卦，文王與周公並給六十四卦及每一卦中的六爻分別做了文字注釋。卦的注釋被稱為「卦辭」，爻的注釋被稱為「爻辭」。六十四卦卦象再加上「卦辭」「爻辭」，就構成了《易經》的本文。

經過文王的整理和注述，把它由卜筮的範圍，擴展內容包括《經》和《傳》兩個部份：《經》主要是六十四卦和三百八十四爻，而卦和爻各有說明（卦辭、爻辭），主要作為卜筮之用；《傳》則包含解釋卦辭和爻辭的七種文辭，共有十篇，統稱《十翼》，相傳為孔子所撰。

八卦，就是由「陰」和「陽」的兩種「爻」相互排列組合而成的，用於占筮的八個卦象。「占卜」占斷吉凶的根據是龜甲燒裂的紋路，「占筮」的根據則是與蓍草數目相對應的八卦。本書所欲討論的內容，並不包含「占卜」，因此，所討論之範圍皆圍繞著「占筮」而言。

具體來說，《易經》不是單獨成篇的，其內容包含了夏代的《連山》，商代的《歸藏》和周代的《周易》。相傳古之《易經》有三易—包括《連山》易、《歸藏》易及《周》易，《連山》據傳是伏羲氏或神農氏所創之易，成書於夏朝；黃帝時代的《易》為《歸藏》易，盛行於殷商朝代，多為占筮之用。

有關《周易》之說法，眾說紛紜。無論如何，上述之《周易》、《連山易》和《歸藏易》此三部經卦書統稱為《易經》。不過後兩部書已失傳，唯獨《周易》一本流傳至今，因此，以下本書所敘述之內容皆以《周易》為本。

《周易》六十四卦所包含的內容，不僅是世間的萬事、萬物，其中還內含著一個和諧統一的宇宙，而且是個萬物生生不息，在時間流程表裏永遠變動不居的世界。

世間的萬事、萬物何止千萬，難道只用簡單的《周易》的六十四卦，就能包含所有的事、物？高度睿智的伏羲氏想到了，把問題精簡化，只用八個卦以

「類比」的型態，將萬事、萬物濃縮在這些所類比的形態裡，如果不做如此簡化的類比，就無法描述天地萬物的變化。以《大衍筮法》而言，雖然可以得出一萬一千個不同之卦象，但是，僅以這些有限個卦象，也仍然不足以描述天地萬物。因此，先要將世間的問題「類比、簡易化」，「簡易化」之後的卦象，才足以應變萬事、萬物的「變易」，也就是說，當面對著複雜的人事紛爭問題時，千頭萬緒不知如何取捨之時，先將問題簡單化，才容易找出重點，想出因應之道。

六十四卦的卦辭、爻辭，有些卦意非常抽象，卜筮後的卦意推論，也可能造成推論誤差，當然這就牽涉到卜筮者的功力，若是，對於此一領域愈熟悉，則推論的誤差就愈小。然而，就因為這些誤差，就使得卜筮難以百分之百的準確。

一、卜筮的道理

在《周易》的卜筮中，筮又叫蓍。靜在那裏不動，叫筮；經過一些儀式和操作，以所得出之「出象」加以推斷，這就叫筮法。《繫辭傳》說：「蓍之德圓而神，卦之德方以知。」蓍的特點是圓、是神。蓍有不確定性，揲蓍出陰爻、陽爻變動不定，這就是「圓」。筮得出的六爻，如何形成六十四卦中的哪一卦，完全隨機性不能事先主觀的干擾，所筮得的甚麼結果，全憑「人天感應」的力量所左右。

《周易》雖然以卜筮為形式上的應用，實則其中之內涵具有深度的哲學意義。《周易》中的卦、爻辭，不但是具有啟示事物發生的微妙契機，以及指引趨吉避凶、應變處世的卜筮，也是一部能夠啟發靈感、開通智慧、拓展思維推理能力的寶典。

我們深思、研究《周易》各卦、爻辭中所隱藏的深奧涵義，當遇有疑惑難解的時候，使我們徬徨無助、猶豫不決的時候，此時即可藉由卜筮，開啟我們的最適的決策指引。

經由《周易》的卜筮，可以激發我們的靈感，由此產生出睿智的創意。因為，《周易》的卦爻辭所帶來的思維邏輯，對於任何事物的考量，都會從正、反兩面去切入分析。卜筮時所卜出來的爻辭，通常不是正面敘述，就是反面敘述，或是正反兩面敘述。當爻辭是作正面敘述時，象徵此事會按預定計劃是朝著有利的方面進行；當反面敘述時，象徵此事會按預定計劃，則是朝向不利的方面進行；當正、反兩面都有敘述時，象徵著方向尚未明確，目前還在處於猶豫不決之中，通常此一狀況象徵朝向不利的方面發展機會較大。

二、孔子對於卜筮的看法

孔子晚年的時候，對於卜筮之書《周易》產生了極大的興趣。有關孔子與卜筮之相關記載，分段整理如下：

（一）《論語．述而篇》記載孔子說：「加我數年，五十以學《易》，可以無大過矣」。

（二）司馬遷《史記．孔子世家》和《史記．田敬仲完世家》皆稱孔子晚年喜好研讀《易》并作《易傳》。

（三）「孔子晚而喜《易》，序、彖、繫、象、說卦、文言。讀《易》，韋编三絕。」為什麼孔子晚年對《易》會產生如此大的興趣？因為孔子從這部卜筮之書中，能夠解讀出天、地、人三者關聯的奧妙。孔子認為：「夫《易》，聖人之所以極深研幾也。」《易傳．繫辭》說：「《易》之為書，廣大悉備，有天道、地道、人道」。

（四）《論語為政篇》記載，孔子自稱「五十而知天命，六十而耳順，七十而從心所欲不逾矩」，孔子對“天命”的理解認識，以及他晚年對天命的遵循實踐，與孔子鑽研《周易》的心得密不可分。

（五）孔子指出，三代以來的明君通過卜筮，來徵求天意。因此「不違卜筮」即可看出，上古時代有明德的帝王們，對於天地神明的敬畏。按照卜筮结果去執行，是為了使人民相信確有天命鬼神的存在，並依此襯托出法令的莊嚴。

（六）「易有聖人之道四焉。以言者尚其辭，以動者尚其變，以制器者尚其象，以卜筮者尚其占。」孔子對於卜筮的看法曾經說過以上這四個要點，其意是說：《周易》的重點，要注重它的內涵，「以言者尚其辭」就是要注重《周易》的言語及文字，就是因為它是一種思想，要理解這個方面與思想的重點，就要看《周易》的卦辭、象辭、爻辭；「以動者尚其變」是說，要注重萬事、萬物的變動現象，這些是內在的「動」，不管是陰動或是陽動，都是動，宇宙萬物都在動中，一動就有變化；外在的另有兩點：「以制器者尚其象」，這是說看一個東西的現象，就可以知道它的內容和物理現象。但是內容究竟怎麼變化？物理的現象對構成一個東西有啟示的作用非常細密，這個細密無法僅憑人類「理性的思維」，需要靠卜卦、卜筮，才可以激發出「靈性思維」，這就是「以卜筮者尚其占」。

從這些記述可以看出，孔子對於《周易》不僅在哲學方面的贊《易》，《十翼》的傳世是對後世之人做人處世的警語和方向導引；另外，孔子也並沒有排斥《周易》在「卜筮」上所具有的功用。

三、卜筮與「人天感應」

《易經．系辭上傳》說：「易有聖人之道四焉者，此之謂也。」聖人之道是「無思」、「無為」、「極深」、「研幾」這四點。「無思」、「無為」特別要注意。但是，光是「無思」、「無為」、「寂然不動」那還不夠，還不能致用，如何才能致用呢？這要「感而遂通天下之故」。

要能做到「無思」、「無為」、「極深」、「研幾」，才能真正體會出「以言者尚其辭，以動者尚其變，以制器者尚其象，以卜筮者尚其占」，這些都是聖人的致用之道。我們凡夫俗子，如果沒有下定決心必須做到「無思」、「無為」、「極深」、「研幾」，「卜筮」還只能停留在「迷信」階段。

艾斯周（2012）認為：《易經》的核心卜筮系統，都是建立在「人類與自然世界本質相通」的前提上，因此，人類的利益與大自然的佈局應該協調一致。這就是「天人合一」的觀念。然而，如何才能做到「人天的協調一致」？這個道理雖然簡單，但是並不容易做得到，其中詳細的道理，就是筆者所提到的「人天感應」的修持。

艾斯周（2012）又提到「《易經》的核心是一套基於六十四卦的卜筮系統」，系統中的每一卦，都是陰爻與陽爻在兩個層面上的臨時組合，每一卦表現的是一個「過程」（筆者認為這是「隨機過程」）。陰與陽不是物質，而是世間萬事、萬物無窮變化的一個形式，陰描述的是黑暗、寒冷、下沉的狀態；陽描述的是光明、溫暖、上升、伸展的狀態。每個爻的位置只是暫時為陰，或暫時為陽。當陰、陽運行到極點時，就會改變方向，變成了另一個卦，此即筆者所說的「隨機過程」的變動。

由於每個爻的陰、陽處於不斷變化的狀態下，此即意味著每一卦的本質就是永遠在變動著，研究卦之未來動向，即可以據此預判，事物未來的可能的變化方向和方位。這就是《周易》的卜筮理論基礎。

四、孔子的卜筮也不能達到100%神準

大家都知道孔子在《易經》上的造詣，孔子贊易、十翼中大部份都是出自孔子的著述，孔老夫子當然夠稱得上是《易經》大師，但是，自古至今從未見過孔子在《易經》卜筮上超凡絕頂的功力，而且連孔子自己也都承認「百占七十當」，世間還有誰的卜筮能量可以超過孔聖人的修為？如果連孔子的卜筮功力都不能達到100%的神準，我們一般凡夫俗子的卜筮，又能達到多少的準確性呢？因此，不必盲目的渴求卜筮的結果一定「神準」，當我們個人的「禪修」功力還沒有達到一定的水準時，無法做到「神準」的程度。有關孔子卜筮的記載，有以下數則：

《史記》記載，孔老夫子很喜歡讀《易經》，一本《易經》被孔子讀到斷了三次書簡的牛皮帶，可見孔子的用功之勤。孔子也喜歡卜卦：

- 孔子第一次卜卦，得卦「旅」卦。卦辭：旅，小亨，旅貞吉。

孔子見卦後，不由地掉下了眼淚。因為孔子縱有濟事平天下的才能和抱負，但是，周遊列國竟然沒有任何國君願意接受他的教化，他只能做一些教學上的小小貢獻。

- 第二次卜了一個「賁」卦。卦辭：賁，亨，小利有攸往。

看到這個卦，孔子滿臉都是憂傷之情。

孔子認為，下卦離是火，是雜色，唯有不正之色才需要修飾，此卦似乎認為孔子的學問道德，還需要一些修飾，因而內心感到難過。

➢ 第三次卜卦

孔子叫子貢外出辦事，等了很久還不見子貢回來，就卜了一卦得到「鼎」卦，此卦的九四爻：鼎足折。

這個卦大家都認為是凶卦，都認為子貢回不來了。只有顏回掩口而笑。

孔子問顏回，為何而笑?

顏回說：鼎足折沒有腳，可以乘船回來啊！

結果，子貢果然乘船回來了。

孔子為了此卦，開始感到了疑惑。

鼎折斷了足，所以此卦應為凶卦。但是，《易經》中的每一句卦辭、爻辭，都只是一種啟發，凶或吉，端看人們的應對，此卦之九四爻是凶象，但是只要注意到另一種解釋情境，就可以反凶為吉。

➢ 第四次卜卦

魯國將攻打越國，卜卦得到「鼎」卦。子貢認為行軍作戰折斷了腳，此卦當然是凶卦，但是，孔子認為越國位居水域，行軍要用舟船，不需用腳，所以這是個吉卦。果然，魯國攻打越國勝利了。

這次卜卦，孔子覺得很得意。

綜合這些故事，可以知道孔子對於卜卦的認知，如下：

古籍紀載了孔子的四次卜卦結果：第一次哭泣，第二次憂傷，第三次憂愁，第四次高興。孔子已經深知卜卦的不確定性，他知道占卜斷卦，有時空之間的極大的莫測變化，事後他也承認，他的卜卦準確度，只能達到六、七成。

五、神、鬼之說

朱熹認為，藉由卜筮所產生的「卦象」，這是「天理」的表徵。亦即，以卜筮之卦可以作為「吉凶」之判斷。

關於卜筮，朱熹認為卜筮的對象，是一種近乎「理神」的「神」。筆者相信此處所說之「神」，並非人格化之「神」，而正是如同盧泰（2012）所說的「神鬼」所指的是「時間、軌道」。「神、鬼」正是「時、軌」之諧音，遺憾的是自古以訛傳訛，已經誤傳了數千年。

古聖人如何神妙地將時間和星球間的運行軌道，安排得如此天衣無縫？我們後世的凡夫俗子只能猜測，到現在都還是無法得到確切的認知。雖然，我們不很瞭解內中的理論，但是我們相信古聖人的這套方法，確是有其不可更改的權威性。因為，自古至今已歷數千年，歷經多少《易》學專家的審視，其中縱或稍有差池，但是大體來說大家對於《周易》都是肯定的，古聖人對於《易》學傳述之方法，必然是其來有自的。其中的大道理想不通，暫且先擱置一旁，並不是永遠不理，而是因為目前還弄不通；不僅沒有放棄，而且還殷殷期盼能有更多的《易》學專家，提供他們的集思廣益的見解。

何以筆者一再陳述朱熹的見解，朱熹之理論有何特異之處？筆者主要的是推崇，朱熹不再一昧地將無法處理的事物，盲目地推給人格化的「神、佛」，因為，人類的事情應該由人類自行處理。支持這個說法還有萊布尼茲（1977）所著的《論中國自然神學》，該書中萊布尼茲認為朱熹所論的「理」，即是至高的「神」，此處所談論的「神」，當然就不是指的人格化的「神」，因而，可以簡化了許多「迷信、神話」的成份。

貳、《周易》卜筮不是迷信

幾千年以來，國人對於「求神問卜」一直流傳不已，卜筮的方法有很多種，其中應用《周易》卜筮的信眾最多。但是，由於《周易》卜筮缺乏現代科學之理論，因而，常被世人指謫認為《周易》卜筮是「迷信」。其實這是一種誤會，為釐清《周易》卜筮被誤解之原因，即為本研究之主要目的。

《周易》卜筮被世人誤解為「迷信」之主要有以下之原因：

一、誤解「天」之定義；

二、誤解「太極」、「陰陽」、「五行」、「八卦」等神秘符號之定義；

三、《周易》卜筮的神秘性令人誤解；

四、誤解《周易》卜筮的真正功用。

本研究針對世人對於《周易》卜筮容易誤解之處分別提出說明，期望能釐清世人對於《周易》卜筮之誤解。當然，由於《易》道博大精深，在本研究進行之刻，仍然也發現許多暫時無法解釋之「易道真理」，這是需要《易》學同好繼續共同努力鑽研之處。

一、《周易》卜筮之精神

《周易》卜筮在世人心目中到底是什麼？有許多人將《周易》卜筮認定為「迷信」之說。《周易》卜筮之所以會被世人認為是「迷信」之說，主要的由於世人的一些誤解。誤解的原因可分為以下四大類。

（一）世人對於「天」的定義之誤解；

（二）世人對於《周易》卜筮所使用的神祕符號之誤解；

（三）《周易》卜筮的神秘性令人誤解；

（四）世人對於《周易》卜筮的真正功用之誤解。

劉大鈞教授（2006）曾指出：「不可把卜筮看作迷信」，他認為：《周易》實用功能的一個重要方面就是預測。《周易》本來就是專供卜筮之用的，朱子的《周易本義》就是這麼看得。」《周易》卜筮之所以可行，那是因為《周易》本身蘊涵了一整套的形上的「天」道；傅佩榮（2007 ）認為：「占卦不是算命」，他認為《周易》占卦，顯然不是算命，而是古人運用理性的極致表現；郭士賢、張思嘉（2002）指出：卜筮原本是古人從傳統宇宙觀出發，所發展出來的一套掌握人生起伏順逆的理論，是一套原本可以不涉鬼神的人生哲學，且深深影響人們日常生活中的心理與行為。此一論述認為卜筮是屬於心理學的範疇，也不認為它是「迷信」。本書也認為：《周易》卜筮不是算命，而《周易》是以自然的道理，引導世人「趨吉避凶」的行進方法。

（一）世人對於「天」的定義之誤解

傳統上，國人一直都有著尊「天」重道的觀念，然而此處所說的「天」，從上古民智尚未開化時的先民開始，都尊崇「天」是「老天爺」、「上帝」、「造物者」、、、，這些神話的名詞，一直誤導著民智，產生了無數「迷信」的後遺症。

（二）誤解「太極」、「陰陽」、「五行」、「八卦」等神秘符號之定義

提到「太極」二字，就會聯想到仙風道骨的太上老君，老神仙的拂塵充滿了神力、神通，可以變化無窮，這個情景難免又會令人想到了「迷信」。其實，「太極」就是「道」、就是宇宙生命之源頭，它是一切之始，一切宇宙萬有皆來自於它。上述的定義仍然有些抽象，也許一時並不容易弄懂，但它絕對和神仙毫無瓜葛。

（三）《周易》卜筮的神秘性令人誤解

《周易》對於事物的詮釋絕不是迷信。如果對於自己不瞭解的事，就膚淺地斷定這是迷信，這樣態度的本身，也很難說這不是一種迷信。

（四）誤解《周易》卜筮的真正功用

自上古伏羲氏畫八卦、六十四卦，產生了《易經》，再經文王、周公、孔子等聖、賢贊易，寫出了《易傳》，因此創造出了《周易》。《周易》最主要的功用，最初就是為了卜筮，其目的在體察時變，預測未來，《周易》可以告訴世人，宇宙間事物變化的道理，並且把這些大道理歸納成八卦、六十四卦。朱邦復（1994）認為：「每一卦的整體概念是個大原則，適用於每一個「人」，這就是「同」；而，各卦中的各爻之配置，卻是因「人」、因「卜筮」之期望而各有不同，這表現出的現象就是「異」。世人學習《周易》，不論是以「義理」或是「卜筮」之應用，都能由「同」見「異」。」

以上（一）～（四）節之詳細內容，請參閱拙著（「《易》學數理探索與創意」，2019）

世人對於《周易》卜筮之誤解，除了本文所提出之四種誤解原因之外，另

外，由於《周易》產生的時代距今久遠，其中的卦、爻文辭的艱澀難懂，在所難免，因而也會加深了世人對於《周易》卜筮不可觸及、感覺遙遠的誤解。

本研究針對世人對於《周易》卜筮容易誤解之處逐一提出說明，期望能釐清世人對於《周易》卜筮之誤解。當然，由於易道博大精深，在本研究進行之刻，仍然也發現許多暫時無法解釋之「易道真理」，這是需要易學同好繼續共同努力鑽研之處。

第一篇、《大衍筮法》

《大衍筮法》是華夏古聖先賢，在長期的生產勞動中，應用《周易》相關的理論，進行占卜的一種方法。

壹、《大衍筮法》之起源

《易經．系辭上傳》第九章記載：「天一地二，天三地四，天五地六，天七地八，天九地十。天數五，地數五，五位相得而各有合。天數二十有五，地數三十，凡天地之數，五十有五，此所以成變化而行鬼神也。大衍之數五十，其用四十有九。分而為二以象兩，挂一以象三，揲之以四以象四時，歸奇於扐以象閏，故再扐而后挂。」

這段話是說明「大衍之數」之由來，亦即，表明了「大衍之數」就是五十，用這個數作為《易經》卜卦之用。使用「大衍之數」之占筮法，稱之為《大衍筮法》，其應用之步驟，首先須準備五十根蓍草。占筮時強調心誠則靈，器具之影響相對而言並不重要。卜筮時在心中凝神默想所要問卜之事。

《說文》記載：「蓍，蒿屬，生千歲三百莖，《易》以為數。天子蓍九尺，諸侯七尺，大夫五尺，士三尺。」現在我們都是「平民」，都以「士」為計，根據古時候的要求，準備三尺的「蓍」即可。但是，蓍草非常珍貴難見，千年才長三百莖，非得替代品不可。由於孔子對於《周易》的貢獻至偉，因此，孔聖人墓地上的蒿草，就成為了神聖之物，可以替代成為最理想的卜筮工具。如果連孔子墓地上的蒿草也得不到，就儘量地以乾淨、三尺的圓莖替代作為蓍草。

宋人朱熹著有《筮儀》，要求很嚴格。實施《大衍筮法》之前，筮者要沐浴，要焚香致敬，然後默念一段“假爾爾泰筮有常”的一段話，並同時將一束五十根蓍草在薰香上薰過。這些做法並非只是迷信活動，而是藉由這些繁複的儀式，能使卜筮者把注意力都集中起来，集中到著占上来，集中到所要求占問的事物上來，這就是筆者所常提到的「人天感應」。

五十根蓍草要先取出一根放在案桌前方的位置，用这一根蓍草象徵太極。太極為“一”、為“體”，其餘四十九根蓍草為“用”。通過“存體”、“致用”，然後，再經過“分二、掛一、揲四、歸奇”等四營成一變，三變成一爻，七十二營、十有八變成一卦。“八卦而小成，引而申之，觸類而長之，天下之能事畢矣。”

一、「大衍筮法」之實施步驟

（一）大衍之數五十，其用四十有九

取一根蓍草放在前方，代表太極。用來運算的蓍草只有 49 個。

（二）分而為二以象兩

隨機將這 49 個分為兩堆（此處之隨機，當然不能摻雜任何個人的干擾行為，而且，卜筮者之內心要以虔誠的默禱所欲卜筮預測的問題，以求得「人天感應」），象徵兩儀（陰陽兩儀）；

（三）掛一以象三

再從其中任何一堆蓍草隨機取出一個，掛於指間，象徵三次的變化（每一次變化就掛一隻蓍草，後面的步驟總計會經三次變化）。

（四）揲之以四以象四時，歸奇於扐以象閏

現在兩堆蓍草分別以四個、四個計算，以象徵四時。

從右手邊開始，剩下的蓍草（餘數＝1 至 4）夾於無名指和中指間，以象徵閏；再算左手邊的蓍草，剩餘的夾在中指和食指間。

此處所說的「奇」，指的就是我們現在除法上說的餘數，若是整除時，則以 4 為餘數。

以上四個步驟及稱之為「四營」（「分二、掛一、揲四、歸奇」），四營而成「易」。易者變也，也就是四個步驟完成一變；三變而成爻，六爻總共有十八變而成卦。

（五）將兩邊所餘的 40 或 44 蓍草歸併在一起，然後再次隨機（注意到「人天感應」）分成兩堆，重覆步驟三、四，也就是再經一次「分二、掛一、揲四、歸奇」的過程。這是第二變；

（六）再重覆一次步驟五，此為第三變。

（七）在完成步驟（六）之後，計算最後剩下的蓍草數字。此時，只有四種可能：24、28、32、36。這些數字，除以 4，則是 6、7、8、9 四個數。用筆紙記下這四個數的陰陽記號。

六為老陰，記之為「×」；七為少陽，記之為「—」；八為少陰，記之為「--」；九為老陽，記之為「○」。

（八）重覆以上步驟（一）至（七）六次，每次都求得一「爻」，總共經過 18 變（3x 6=18）而成一卦。注意，在記錄各爻時，順序應該是由下而上。

卜完卦之後，六爻中每一爻是由六、七、八、九等四個數字所組成的。解卦時，是以有六、及九兩個變動數的爻為應驗。

若是變爻只有一個，解卦很簡單；但若，卜卦結果是好幾個變爻該怎麼辦呢？如果不是一個變爻時，如何解卦，自古各家說法並不一致（此種現象也是「大衍筮法」經常為人詬病的原因之一）。以下介紹朱熹的方法如下：

1. 六爻都未變，則以本卦卦辭為斷。
2. 一爻變，以本卦變爻為斷。
3. 二爻變，以本卦變爻的上爻為斷。變爻的下爻可做為參考。
4. 三爻變，以變卦的卦辭為斷；本卦卦辭可當參考。
5. 四爻變，以變卦不變的二爻中的下爻為斷，上爻可做為參考。
6. 五爻變，以變卦不變的那一爻為斷。
7. 六爻皆變，乾坤二卦時分別採用「用九」及「用六」；其餘六十二卦則以變卦為斷。

有易友反應認為：一爻變與二爻變，許多情況適用的爻辭都是一樣的，比如噬磕之離、噬磕之大有、噬磕之旅，三者適用的爻辭都是噬磕六三，這樣合理嗎？

至於有二爻以上的變爻，如何為斷？各家說法皆有不同，究竟以何為準，千百年來難有定論，因此就有人也認為這是《大衍筮法》的缺點之一。

若是變爻只有一個，解卦很簡單；但若，卜卦結果是好幾個變爻該怎麼辦呢？如果不是一個變爻時，如何解卦，自古各家說法並不一致（此種現象也是《大衍筮法》經常為人詬病的原因之一）。以下介紹各種由於爻變，而有不同斷卦的方法：

（一）朱熹的方法

1. 六爻都未變，則以本卦卦辭為斷。
2. 一爻變，以本卦變爻為斷。
3. 二爻變，以本卦變爻的上爻為斷。變爻的下爻可做為參考。
4. 三爻變，以變卦的卦辭為斷；本卦卦辭可當參考。
5. 四爻變，以變卦不變的二爻中的下爻為斷，上爻可做為參考。
6. 五爻變，以變卦不變的那一爻為斷。
7. 六爻皆變，乾坤二卦時分別採用「用九」及「用六」；其餘六十二卦則以變卦為斷。

有《易》友反應認為：一爻變與二爻變，許多情況適用的爻辭都是一樣的，比如噬磕之離、噬磕之大有、噬磕之旅，三者適用的爻辭都是噬磕六三，這樣合理嗎？

（二）曾坤章對於各種爻變的斷卦方法

1. 六爻都未變，則以本卦「彖」辭為斷。
2. 一爻變，以本卦變爻的爻辭為斷。
3. 二爻變，以本卦變爻的上爻為斷。變爻的下爻可做為參考。
4. 三爻變，以本卦及變卦的「彖」辭為斷；但以本卦卦辭為主，變卦為輔。

5. 四爻變，以變卦不變的二爻中的下爻為斷，上爻可做為參考。

6. 五爻變，以變卦不變的那一爻為斷。

7. 六爻皆變，乾坤二卦時分別採用「用九」及「用六」；其餘六十二卦則以變卦之「彖」辭為斷。

（三）元代《易》學家張理對於各種爻變的斷卦方法

1. 六爻都未變，則以本卦的「卦」辭與「卦」象為斷。

2. 一爻變，以本卦變爻的爻辭為斷。然而，當代學者陳睿宏認為，以《左傳》與《國語》所見，未必盡合其說。

3. 二爻變，以本卦變爻的上爻為主斷。變爻的下爻可做為參考。

4. 三爻變，張理見於《左傳》與《國語》，主張以本卦及變卦的「卦」辭為斷。

5. 四爻變，以變卦不變的二爻中的下爻為主斷。

6. 五爻變，以不變的那一爻為斷。

7. 六爻皆變，以所占之卦卦辭為主斷。又，其中六爻皆為九、變卦為坤，則取乾卦「用九」「見群龍無首，吉」：六爻皆為六、變卦為乾，則取坤卦「用六」「利永貞」為占。

還有其他更多的斷卦方式，方法各不相同，卻也都說不出很明確的道理，這些都已構成了世人對於《大衍筮法》，感到有些缺陷之處。

然而，卻也有一些學者認為：不管幾爻變，就是以整個卦下去占，重點可以放在爻變的那幾個爻。筆者認為此種斷卦方法較為合理，而且適用。因為，每一個卦就是一種「狀態」，此一「狀態」是由六個「子狀態」（六個爻）所組成，當組成份子剎那間發生了變動，整個「狀態」也就因而「隨機變動」成為了另一個「新狀態」（新卦）。因此，本研究認為，不必再為了至今無法定論的「爻變斷卦」而費心，皆都以爻變後所成立的新卦卦辭為斷。亦即，當爻變之陰、陽爻變「之」後，以新產生的八卦象，作為斷卦。

筆者以創新與數學的角度，對於傳世已經久遠的《周易》的方法，提出了另一種思維方法。數學方法並非萬能，但是經由數理的深入，比純用文字敘述更容易實施推論。本研究，以拋磚引玉之心情，試圖以一些數學方式解讀《周易》的原理，這些方法也許粗淺，但若是能由此引起共鳴，全世界的易學專家都能集思廣益，期望以數理方法之擴散及成長的速度，將會突破過去對於易學的研究成果。

二、以《梅花易數》的體、互、變卦，解決不確定的爻變斷卦

（一）五行作用關係

當八卦具有五行特性之後，其作用就可以據以推理了。八卦與五行都採用「取象比類」的方法，將世上的萬事萬物分成幾類。五行之間相互影響、變化，這種相互的變化就是「生、剋」的關係。

五行以金、木、水、火、土來表示。

1. 五行相生

木生火、火生土、土生金、金生水、水生木

2. 五行相剋

金剋木、木剋土、土剋水、水剋火、火剋金

3. 生剋關係之具體表現

五行之間存在著“生我”、“我生”、“剋我”、“我剋”、“比我”，五個必然之關係。

“生我”，如金生水，表示一類事物對另一類事物之推進幫助；

“我生”，如金生水，則表示水洩金，一類事物被另一類事物消耗轉變；

“剋我”，如金剋木，表示一類事物被另一類事物抑制管制；

“我剋”，如本人是金，則金剋木表示自己剋對方；

“比我”，如木與木之關係，表示一類事物與另一類事物合作之關係。

（二）五行生剋的涵義——傳統成功學的詮釋

宇宙的萬事萬物都可用五行來分類，這是表示五種屬性的抽象分類。

“生我”，代表理想與理念，是成功的第一要素；

“我生”，代表慾望，它常使英雄喪失鬥志；

“剋我”，代表壓力與困難，困難有來自外在，也有從內部所產生的；

“我剋”，是能力的集中表現，是走向成功的保證；

“比我”，是團隊與合作，是成功的必要條件。

（三）占卜起卦法則

1. 起卦方式

所謂「起卦」就是為了找到「動象」與「動態」之起源，這就是為了找到事情發生的「徵兆」。

《梅花易數》之起卦，係按照「先天八卦」之順序，亦即，乾一、兌二、離三、震四、巽五、坎六、艮七、坤八。

大成卦（六十四卦）之每一卦可分為上卦及下卦，上卦為外卦、下卦為內卦。起卦時先起上卦、再起下卦。此時所起之卦稱之為「本卦」或「主卦」。

例如：

由卜筮者隨機取出一數，設此數為 20，20 除以 8 得商數 2、餘數 4，則上卦按先天八卦之順序 4 為「震」；再隨機取出另一數，設為 6 此即餘數，按序為「坎」。上、下卦相重之 ，成為「雷水解卦」，此即「本卦」。

2. 求動爻

所謂「動爻」是指本卦成立之後，觀看此卦的六個爻，看哪個爻會發生變化，將會影響整個卜卦事件的「發生」、「過程」與「結果」。

「動爻」之求法，係將上、下卦數加上時間之數除以 6，整除後之餘數即為動爻。餘數為 1 則初爻為動爻；餘數 2 則二爻為動爻；餘數為 3 則三爻為動爻；餘數為 4 則四爻為動爻；餘數為 5 則五爻為動爻；餘數為或整除時則上爻為動爻。

本章係以《大衍筮法》起卦，若有變爻，則以最下之變爻為動爻，蓋取其最先遇到之變動為依據；若無變爻，則以「大衍筮法」所起之卦，取其上卦數加下卦數之和，除以六，以其餘數之卦位作為動爻。

3. 體、用、互、變卦

《梅花易數》之觀變，先要區分出「體」與「用」，凡是動爻所在之處，不論上卦或是下卦，此處即為「用」，沒有動爻之卦即為「體」。「體」卦代表自己；「用」代表他方或他事。

《梅花易數》除了可將應期單位四等分給用、互、互、變之外，還能由外應（外在環境感應）來推敲總體應期之遲速。

體卦代表占問者自己，用卦代表目前用事的狀態，而互卦又可分為體互與用互，體互代表事物發展的第一個階段；用互代表事物發展的第二個階段，而變卦則為用事的結果。其間的重要性排列如下：用卦＞體互＞用互＞變卦原則一：將應期單位均分「四等份」，配給用、互、互、變四階段：

應期推斷原則一

	用卦	體互	用互	變卦
用事過程	開始	經過	經過	結果
一生	1-18 歲	18-36 歲	36-54 歲	54-72 歲
一年	1-3 月	4-6 月	7-9 月	10-12 月
一個月	7 天	7 天	7 天	7 天

原則二：將本卦上下卦數，加上時辰數，作為應期單位：

應期推斷原則二

例如：上卦坤、下卦震、時辰未，則：

8+4+8 =20

20 / 4 =5，則用卦、體互、用互、變卦，平均分配 5 單位時間。

原則三：加入外應參數的應期推斷

所謂外應是指：占卜師在當下對外在環境的感應，這種感應可以作為加速或減緩應期發生之推斷。將外在環境單純化，問占對象在當時的身體狀況：

概略分為「站立」、「行走」、「速動」、「坐下」、「躺臥」：

外應參數對應期時間的影響

外應狀態	站立	行走	速動	坐下	躺臥
加減倍數	1	（1/2）	（1/3）	2	3
（*站立狀態設為常態）					

案例：早上 09:30 見一個年輕男子從南方走來且面帶笑容，若欲問此男子有何事發生，便可以後天起卦：

年輕男子為艮卦、南方為離卦、時間是巳時（6），總時間單位是（7+3+6）=16，若以「日」為單位，則總應期為 16 日，若加上外應參數「走路」的狀態，則應期將變成 16×1/2 =8 日。

本研究簡單的介紹了《梅花易數》之應用，其主要之目的在提出可以應用《梅花易數》中的「體、互、變」方法，可以解決《大衍筮法》所無法明確統一的「變爻」之困境。

有興趣的讀者，還可以將《大衍筮法》所卜出的結果，配合《六爻卦》方法斷卦。此種搭配不僅可以強化了《大衍筮法》斷卦之內涵，也可以彌補了以三枚金錢起卦，並非真正的《大衍筮法》之缺陷。因為，筆者曾研究出，以《大衍筮法》所得出四象之機率，分別是Pr（老陰）=1/16、Pr（少陽）=5/16、Pr（少陰）=7/16、Pr（老）=3/16；然而，以三個銅錢卜卦，所得出四象之機率，卻分別是Pr（老陰）=1/8、Pr（少陽）=3/8、Pr（少陰）=3/8、Pr（老）=1/8。這兩種卜筮的方法顯然不同，如果，人們為的是追求《周易》正統，當然要以《大衍筮法》所得出之四象機率為準。

三、《大衍筮法》中的五十和四十九

《繫辭》中「大衍之數五十，其用四十九」，四十九這個數是用來起卦的。《繫辭》中的這兩個數字：五十和四十九究竟有何意義，從何而來？自古至今無數的《易》學專家都在探討，至今還沒有明確的定論。以下是各家學說對於「大衍之數」之由來，以及為何只用四十九之原因敘說各家的看法：

（一）有人認為，《周易》中的五十卦是鼎卦、四十九卦是革卦，因此，有人說《周易》講的就是鼎、革之《易》。

（二）有人認為，「大衍之數」五十，應是「天地之數」捨去五而得。所謂「天地之數」之由來，係根據：天一、地二、天三、地四、天五、地六、天七、地八、天九、地十。此數列中，天數五、地數五，將天數一、三、五、七、九相加，其和為二十五；地數二、四、六、八、十相加其和為三十，此即「天數二十有五，地數三十，凡天地之數五十有五。」

（三）古人姚信說：「天地之數五十有五者，其六以象六面之數，故減之而用四十九。」

（四）東漢經學大師鄭玄認為，天地之數五十有五，以五行通氣，凡五行減去五，故而，「大衍之數」為五十。

（五）西漢易學名家京房曾認為，十日、十二辰、二十八宿，合為五十。故大衍之數為五十。

（六）宋朝易學名家邵子認為，天數二十有五之倍數，合為五十。（引【周易正義繫辭上卷七之八】）

（七）東漢名士馬融先生亦有看法，認為太極生兩儀，兩儀生日月，日月生四時，四時生五行，五行生十二月，十二月生二十四氣，合為五十。（引【周易正義繫辭上卷七之八】）

（八）東漢名士荀爽則認為，卦各有六爻，六八四十八，加乾坤二用爻，合為五十。（引【周易正義繫辭上卷七之八】）

（九）【周易正義繫辭上卷七之八】京房云：「五十者，謂十日、十二辰、二十八宿也，凡五十。其一不用者，天之生氣，將欲以虛來實，故用四十九焉。」

（十）馬季長云：「易有太極，謂北辰也。太極生兩儀，兩儀生日月，日月生四時，四時生五行，五行生十二月，十二月生二十四氣。北辰居位不動，其餘四十九轉運而用也。」

（十一）鄭康成云：「天地之數五十有五，以五行氣通。凡五行減五，大衍又減一，故四十九也。」姚信、董遇云：「天地之數五十有五者，其六以象六畫之數，故減之而用四十九。」

（十二）顧歡謂：自然所須策者唯用五十，就五十策中，其所用揲蓍者，唯用四十有九。其一不用，以其虛無，非所用也，故不數之。顧歡同意王弼此說。故顧歡云：「立此五十數，以數神，神雖非數，因數而顯。故虛其一數，以明不可言之義。」只如此意，別無所以，自然而有此五十也。今依用之。

（十三）漢朝劉歆與南宋朱熹還有「相乘倍數」的想法，提出以乘法解決。朱熹以河圖中宮天五乘地十而得五十。

（十四）劉歆說得更複雜，是故元始有象，一也；春秋，二也；三統，三也；四時，四也；合而為十，成五體。以五乘十，大衍之數也。（引【周

易正義繫辭上卷七之八】)

上述各家說法不一，也看不出來理論依據，除此之外，可能還有更多的說法，本文無法一一陳述，本文將於下一節提供筆者對於「大衍之數」何以必為四十九之數學推衍，得出證明，本文證明出必須用四十九作為卜卦之數，若是改用其他各數，皆無法有效地得出「四象」。

《繫辭》中:「大衍之數五十，其用四十九」。四十九這個數是用來起卦的，但是這個數到底從何而來?為什麼只用四十九而不用五十?又，為何不直接就用「天地之數作為大衍之數」？揲蓍的方法有很多種，最常見的是「掛扐法」及「過揲法」，這兩種方法之卜筮結果有何不同？自古至今易學學者們，都一直在討論這個問題，而未見明確的答案。

本研究以簡單的數學方法，對於「大衍之數」的「掛扐法」及「過揲法」，兩種不同的揲蓍法，先以四十九數為起卦之數，再以五十數起卦、然後以五十五數替代「大衍之數」，逐次按步推論各種不同起卦數之結果，結果發現：

（一）「大衍之數五十，其用四十九」，各以「掛扐法」及「過揲法」，此兩種揲蓍法之結果所產生「四象」之機率並不相同。

（二）若「大衍之數五十，其用亦為五十」，其中以「掛扐法」只能產生「七、八、九」三種卦象，產生“少陽”之機率改為 1/4；產生“少陰”之機率改為 1/2；產生“老陽”之機率改為 1/4；產生“老陰”之機率為 0；若以「過揲法」只能產生「七、八、九」三種卦象，產生“少陽”之機率改為 1/16；產生“少陰”之機率改為 6/16；產生“老陽”之機率改為 9/16；產生“老陰”之機率為 0。

（三）以「天地之數五十五」替代「大衍之數」，直接以「五十五」作為起卦之數，推論之結果發現，至第三變，甚至第四變之餘策數，還不能為 4 所整除，必須到第五變方能得到全部餘策皆能為“4”除盡且商數皆小於“9”。但是，此時各種揲蓍演變之結果，多出了“4、5”兩數，此一結果與大陸清華大學所珍藏戰國時代的《筮法》相通，該古策所使用的就是「大衍之數五十五」。結果得出各商數出現之機率為：

Pr（9）= 1/64、Pr（8）= 10/ 64、Pr（7）= 31 /64、Pr（6）=19/64、

Pr（5）= 10/ 64、Pr（4）= 3/ 64。

（四）經過上述各種不同知起卦方法，最終可以看出，只有「大衍之數五十，其用四十九」之「掛扐法」，能顯示出「陰」、「陽」爻出現之機率相等，由此可以說明唯有此方法，是最合理之起卦方式。

這應該就是古聖賢發明揲蓍法時，不用五十數也不用五十五數，而必須是「其用四十九」的道理。

四、《大衍筮法》缺少數理研究

《周易》是我中華民族千百年來的古老文化，長久以來已有無數的《周易》學者致力研究，但是進展的速度很慢，雖然已有無數的研究著述出現，但大都還固守於相同的研究方向和方法，傳統的《易》學專家，都還是強調《周易》的釋意考證，因而侷限了《周易》更廣泛的應用與研究，也就是缺少了數理方面的演繹與推論。

數學方法並非萬能，但是經由數理的深入，比純用文字敘述更容易實施推論。本研究，以拋磚引玉之心情，試圖以一些數學方式解讀《周易》的原理，這些方法也許粗淺，但若是能由此引起共鳴，全世界的易學專家都能集思廣益，相信以數理方法之擴散及成長的速度，將會突破過去對於易學的研究成果。

《周易》是我中華民族千百年來已有的古老文化，長久以來已有無數的《周易》學者致力研究，但是進展的速度很慢，雖然已有無數的研究著述出現，但大都還固守於相同的研究方向和方法，傳統的易學專家，都還是強調《周易》的釋意考證，因而侷限了《周易》更廣泛的應用與研究，也就是缺少了數理方面的演繹與推論的研究。

對於《繫辭》中：「大衍之數五十，其用四十九」，這個數到底從何而來，為什麼只用四十九而不用五十？自古至今都在討論這個問題。本研究以及簡單的數學推算出，揲蓍法不能用五十數起卦，否則就無法順利的產生出「四象」。

揲蓍數為五十五，本研究證得，必須到第五變方能得到全部餘策皆能為“4”除盡且商數皆小於“9”。但是，此時各種揲蓍演變之結果，多出了“4、5”兩數，此一結果與大陸清華大學所珍藏戰國時代的《筮法》相通，該古策所使用的就是「大衍之數五十五」。但是，使用《筮法》後也會產生一些目前未能充分理解之現象，值得後續專家先進們的繼續探討。

綜研以上各種揲蓍之數，不禁感佩，當年古聖賢如何進行「大衍之數」之推論不得而知，但是相信古人必有超強的數理思維方法。

本研究應用了簡易的數學方法，對於莫衷一是的「大衍之數」的起卦方法，證明出只有「三變皆”掛一”之『掛扐法』」，其「陰」、「陽」爻出現之機率相等，才是合理之起卦法。

貳、為何任何「命理預測方法」之準確性都不高

雖然有許多《易》學專家都非常推崇《大衍筮法》的神準，譬如：楊景磐於「《大衍筮法》奧妙无穷」一文中，曾聲稱：「《大衍筮法》是《周易》原文中載入的唯一筮法。《大衍筮法》求得的卦象所含信息量是其他任何術數所無法比擬的。拙作《中國歷代易案考》以及待出版的在《中國歷代易案考續篇》，二書中大部分為《大衍筮法》案例，可供讀者參考。」

但是，另一位《易》學專家張延生（2008），在「首屆六盤山國際易學學術研討會論文」中說：「由於從具體應用及實踐判斷的角度來看，所謂孔子所繼沿的"大衍筮法"，對事物規律的表達與反映的準確率是很低的，故而才造成了廣大的儒子們對這種筮法的否決——另辟"義理"的理性解釋，來滿足自己的無能為力條件下的虛妄。」

一、《大衍筮法》的缺點

僅從這兩個完全方向相反的意見，使我們不得不重新思考，雖然《大衍筮法》的功效非常顯著，但是學習《易》學的我們，還能不能盲目地相信它的「神準」？再深入思考之後，果然也又發現了《大衍筮法》，甚至也是其他「命理預測方法」的一些共同缺點如下：

坊間，很多命理師都自吹自擂，說他的算命「神準」。其實，除了神仙之外，都不可能「神準」。究其原因，說明如下：

《易》學學者盧泰說：「《大衍筮法》是存在於易傳中的筮法。長期以來人們多依它去研究《周易》的“數”，或想解開一些闕疑問題，但是都無功而返。其原因就是因為它根本不是《周易》的本源筮法之故。為什麼呢?

（一）它不能完整有序演繹出《周易》的六十四卦。

（二）它不能演繹出《左傳》、《國語》中的22個以《周易》筮之的卦例。

（三）它不能解釋《周易》經、傳和《周易》研究中的闕疑問題。

（四）它不能推演出《周易》的思想內涵。

（五）對大衍之數五十，眾說紛紜。

（六）它只是《周易》用於算卦的實用筮法之一。

（七）在出土的帛書《周易》中並未見記載。」

筆者同意以上意見。因為，自古以來所傳《周易》的筮法是《大衍筮法》。《大衍筮法》一直是《周易》的正統筮法，這種筮法雖然具有許多優良的筮法功能，但卻仍然有些不足之處：譬如，《大衍筮法》全憑卜筮者「人天感應」的揲蓍，但是，眾所周知「人天感應」豈是一蹴即可成功的？尤其是，愈往後代，人們與「天」溝通的靈性愈趨薄弱，難怪乎許多《易》學專家都認為《大衍筮法》的準確性不高。

自古以來，各種占筮的方法中，《大衍筮法》一直是據有著主導的地位，但是近年來，已見到許多《易》學專家認為《大衍筮法》的精準度不夠；又，從馬王堆出土的文物群中的帛書《要》，裡面記載了一段有關孔子、子貢對占卜的對話，其中孔子說道：「吾百占而七十當」，也就是說，孔子他占卜一百次只有七十次是占卜與結果相應的。從這兩件事情來看，不禁令人懷疑「大衍筮法」是不是真是如同自古傳說的優良筮法？

其實，不是這個筮法不高明，實際上是因為卜筮者的不稱職。東漢大儒王充在《論衡、卜筮篇》說：「夫卜筮非不可用，卜筮之人占之誤也。」這種認知就是《繫辭傳》所說：「神而明之，存乎其人。」也就是說「卜卦」與「未來」如何聯繫，只有「神而明之」之人才得知曉，亦即，先要能產生了正確的「人天感應」，才能知曉正確的「未來」；其次，《易》學研究的朋友們，雖然經常在用卜筮，卻又往往忽略了一件事：無論使用何種卜筮方法，每次所卜出的結果往往並不相同。「不相同」是非常合理、正常的現象，因為一次卜筮的原理，就相當於統計學中的一次「抽樣」。既然是「抽樣」，就必然有誤差，統計學中，以多次「抽樣」所產生的「標準差」，用以計算「區間估計」的「誤差半徑」。的功效非常顯著，但是相信《易》學的我們，還能不能盲目地相信它的「神準」？

二、其他各種「命理預測」方法之缺點

再深入思考之後，果然也又發現了「大衍筮法」，甚至也是其他「命理預測方法」的一些共同缺點如下：

（一）前文已經敘述，當應用《大衍筮法》立卦後，若是有變的有兩爻以上的，如何為斷？各家說法皆有不同，究竟以何為準，千百年來難有定論，這是《大衍筮法》的缺點之一。

（二）應用「大衍筮法」之立卦，完全憑著卜筮者個人的「人天感應」的功力，如果，卜筮者的靈動功力不足，所卜出的卦象，無法顯示出「內心」與「卦象」間的有效關聯。

（三）大家都知道孔子在《易經》上的造詣，孔子贊易、十翼中大部份都是出自孔子的著述，孔老夫子當然夠稱得上是《易經》大師，但是，自古至今從未見過孔子在《易經》卜筮上超凡絕頂的功力，而且連孔子自己也都承認「百占七十當」，世間還有誰的卜筮能量可以超過孔聖人的修為？如果連孔子的卜筮功力都不能達到100%的神準，我們一般凡夫俗子的卜筮，又能達到多少的準確性呢？

（四）每一次卜筮，就相當於一次隨機抽樣，既然是隨機就會有誤差，尤其，傳統的卜筮都是以一次結果作為預測推斷，以一次結果之推論，在現代統計學上稱之為「點估計」。所謂「點估計」，可用下面之例題說明：

譬如，我們想要估計明年公司的營業額，最簡單的方法，公司老闆常用過去一年的平均營業額作為未來營業額之預測，這種預測的準確度當然不會很高，原因是，未來一年的營業狀況，不可能和去年完全一樣，

這就會產生誤差，也必然會有上、下起伏的情形發生，這種狀況之上、下起伏之情形，就可以用「標準差」來形容。統計學上是以加上「標準差」和適當的統計係數，以「區間估計」來預測未來一年的營業額，雖然將預測的範圍擴大了許多，至少不至於僅以一次卜筮的「點估計」作為預測結果，其誤差甚至連方向都會弄錯。

（五）許多卜筮方法是根據一個人的生辰八字，然而，一個 人的生辰八字是在此人出生的那一刻就決定了，而此人遺傳自父母的基因，卻應當是在母親受孕的那一刻才決定的；所以，生辰八字並不能包含父母遺傳的影響。但是，現代的醫學知識可以讓我們肯定，確信每個人遺傳自父母的基因，對於每個人的命運也必然會有很大的影響。

因此，具有相同生辰八字的兩個人，由於沒有包含遺傳的基因，他們的命運也不會必然完全相同。亦即，縱然生辰八字相同，而其母親受孕的時刻不相同，自然也影響了後天的命運。這就是常聽人說，為什麼兩個生辰八字完全相同，卻是命運不同的一個原因。傳統的八字命理，至少應再加上「基因」變項，否則命理推論很難準確。

（六）卜筮的出象，可以對於卜筮者帶來一些啟發的靈感，經由所啟發的靈感，即可產生了執行的創意，這個創意就會引導此人未來的行為。然而，創意也未必永遠正確，同樣的一種靈感，發生在天性樂觀的人身上，他會感受到的都是正向、積極的；如果此人天性悲觀，或者是當時得心情正在鬱悶時，這個靈感會使得他感到更難過，他的感受因而愈趨憂傷，未來引導的行為就會趨向負面。難怪卜筮有時候準，又有時候會不準。亦即，靈感之啟發，準不準在於當時「人天感應」，和所啟發出來的靈感所導引的創意的準確性。

（七）卜筮的性質與統計學中的迴歸預測相似，迴歸分析中，對於所欲預測的事物，視為「依變項」；所需引用預測的變項視為「預測變項」。此一預測之效果端視「判定係數」而定，「判定係數」之值愈高就表示預測能力愈強，「判定係數」之值最高為 1.0，若是「判定係數」不夠高，即表示此一預測模式中缺少了其他重要的「預測變項」，當然「預測變項」愈多預測的效果就會愈高。

距離上古愈久遠，時代經由變遷愈趨複雜，所需要的「預測變項」就應該愈多，但是，反觀目前所見到的各種卜筮方法，都沒有提到應該增加哪些「預測變項」之說法，之所以有人認為卜筮之效果很難準確，相信這是因為還可能有很多「預測變項」尚未加入分析之緣故。

（八）以八字論命中，是以每個人的八字作為預測此人的「壽命」或是「事業」等等，此種情形就相當於以「八字」作為「自變項」，以「壽命」作為「依變項」的統計預測。此種預測的效果往往不會很準確，因為其中忽略了「中介變項」。因為，此一預測中沒有考慮到個人的「教育環境」、「EQ」、「積德」等變項，這些都是可以影響一個人一生的命運。這種「中介變項」，在一般的命理預測並未深入探討，缺少了這些預測因素，測不準是當然的。

（九）「混沌學」的問世對於命理預測，帶來了更嚴重的打擊。「混沌學」認為：世界上存在著許多混沌現象，比如雲彩的浮動、旗幟的飄動以及正常人的腦電波等，這些混沌現象都充滿了偶然因素。而且，在複雜系統中，系統的發展對微小的初始條件的變化，具有高度敏感性。一個經典的誇張描述：「在亞馬遜河一隻蝴蝶搧動翅膀，會造成美國德克薩斯州發生一場龍捲風。」這樣，「混沌學」就使得決定論，對於一切未來變化，都能精確預見的觀點，更加難以成立。

（十）八字的混沌現象，還有另外一種情況：亦即，很多人對於出生的時間，不能確切提供，然而，些微的時間差錯，往往就會導致截然不同的測算結果。一秒鐘的差錯，就可能導致月柱、日柱、時柱都發生徹底改變。這樣一來，命理推算出來的結果，可就「謬以千里」了！

這種情況跟混沌學中的「蝴蝶效應」非常相像。除了八字之外，周圍各種人事（親朋及其變故）、環境（政策、風水等）對個人的命運，也會產生各種複雜的影響，使命運顯出一種混沌現象。

（十一）在物理學上，有一個「海森堡測不準原理」，究其原因，是指每一個微粒子都同時具有波動性，因此當以粒子角度測算位置時，必定無法也正確的測出動量。這個原理告訴我們：當以各種卜筮方法，非常專注認真地卜測某一個人的命理時（把命理設想成一個粒子），當測算命運的「時間與軌道」時，就無法準確地測出命運的禍福能量。也就是，當一個人愈害怕某件事情時，很莫名其妙的就常會發生；愈是期待的事情就愈會落空。

因為，「期待」就是你一直覺得你沒有的，所以才期待想要得到，過於積極的期待，就相當於非常的專注，反而常使你無法準確的得到命運所需求之能量，這就是為何期待落空的原因，也因此常使得命理預測不準確。因此，我們要卜筮許願的時候，不要有過份的情緒，否則，常會使你的期待落空。

（十二）「海森堡測不準原理」告訴了我們這樣一個事實：當你觀察一個事物的時候，你已經在不可避免的影響著你的觀察對象了。事實上，我們的觀察所產生的影響，對於較大事、物往往非常微弱，以至於被忽略不計，而只有在特別細小的事物上才會被突顯出來（譬如物理世界中的量子）。這也同樣適用人的行為和命運的測算。

荷蘭戴爾福特理工大學（Tu Delft University），在著名的學術期刊《自然》（Nature）上發表：依據「量子糾纏理論」，一對相互「糾纏」電子的糾纏屬性，只有在測量時才能確定，並且，若其中一個電子測得為上旋，則另一個電子必定為下旋，反之亦然。 這個理論帶給我們的啟示是：把「期望」和「卜筮現象」視作兩個糾纏的電子，這兩者出現相反的情形似是必然的。卜測無法準確又是一個明證。

（十三）對於「海森堡測不準原理」和「量子糾纏理論」的應對，其實早在《繫辭上傳》已有說明：「易無思也，無為也，寂然不動，感而遂通天下之故。非天下之至神，其孰行於此。」這是指，在觀察一件事情之前，「無思也，無為也」，亦即不要有任何想法，沒有任何主觀意識，沒有任何追求，「寂然不動」、冷靜下來，「感而遂通」經由「人天感應」，卜測才會非常準確。然而，一般的凡夫俗子，有幾個人能真正做到「易無思也，無為也，寂然不動，感而遂通……」？

能具有這種修為，決不是一天、兩天就可以做到的，就像是學習當一個「神射手」，學習射箭的理論很簡單，師父會要求「沉穩」、

「專注」、、、，但是要能做到這些簡單的動作，沒有十年、八年的苦功絕對達不到。往往見到一個人，只學習了一些卜筮的手法，就想要卜測「神準」，這是不可能的。因而，卜筮的準確性不高，似是必然的情形。

（十四）古典物理學中，牛頓運動方程式：F= m×a，是以質量與加速度的乘積，來推算質點的運動軌跡。在這個力學方程式中，每個質點都被定義為「精確的」，沒有誤差。一九二四年，薛丁格的波動力學，建立了新的力學方程式，根據這個力學方程式，可以推算出質點在空間某處出現之機率，將所有出線機率最大的點連起來，就是這個質點的運動軌跡。

這個軌跡乃是出現機率最大的軌跡。這個力學方程式，不同於牛頓力學方程式之處是，其觀察的對象是「微觀粒子」，也就是非肉眼所能看到的物質粒子。一九二七年海森堡（Werner Karl Heisenberg）提出「測不準原理」，這個原理打開了人類的眼界。在以往都認為：任何量測理論應該是絕對準確無誤的；然而，「測不準原理」指出，任何量測過程中一定會產生誤差，這種誤差在越小的質子上，越明顯。例如，以顯微鏡觀測電子的運動軌跡，此時除了要觀察電子的運動，使用顯微鏡之外，也要有光線。而光子的動量一定會干擾電子的動量，因此，所測得的數據，一定會有誤差，這數據包含了光子的干擾，因為沒有光，就無法觀測到電子的運動。

命理預測中，產生干擾的因素更多，因此，任何命理預測都無法「神準」。人們常會受到環境的影響，因此，無法神準命理預測。能夠做到「不以物喜，不以己悲」終究是少數，絕大多數的人，常會由於耳目所及的聲、色，而影響其思考方式。

例如：一位命理師，運用既定的公式為人推算運勢時，命理師的成長背景，教育程度、生活閱歷、人生觀以及對於當前社會、世界時事的認知，與認知層次的深淺高低，都會干擾這個公式的結果。干擾因素越多、越複雜，誤差就會越大，命理當然測不準。

（十五）1927 年，物理學家尼爾斯．波爾及海森堡在丹麥的哥本哈根，解釋

「量子粒子的行為模式」認為：宇宙是由無數個「可能性」彼此重疊組成。1957 年，普林斯頓物理學家修．艾佛雷特三世認為：任何一個時刻，皆存在數不盡的「可能性」，而所有的「可能性」已經存在，而且同時發生。

將每一個「平行宇宙」視為一個空間，當量子偶爾發生跳躍，就會進入宇宙中的另一個「可能性」中。

《周易》函數的定義域中，就是由宇宙中無數個「可能性」所組成，當某一事件發生，《周易》函數所對應到此事件的，就是從這無數個「可能性」找到一個，作為「周易」函數之對應。然而，在眾多的「可能性」中，如何才能找到最適當的那一個，正是人類一直努力追求的。如果，卜筮者的「人天感應」的能量不足，就無法對應出最適當的「周易函數值」，此時的卜測就會不準。

（十六）當有 100 個人同時在祈禱，由於各自為自己本身的利益而禱告，因而，在此處的量子層次中，就存在著 100 個「可能性」，這些眾多的「可能性」，各有自己的引力場，一時間就無法達到「穩定性」，直到很久之後，或許由於某一處的引力夠強，才能變成最終的最穩定的「可能性」，此即是我們所見到的「真實狀態」。

彭羅斯的第三個理論是說：我們每個人的渴望與祈求，形成了一個「可能性」，此一「可能性」愈複雜、要求愈高，所需要耗費的能量就愈多，因而就很容易被分解成另一個「單一狀態」，此一被分解後的狀態，往往就已經不是原先所渴望的狀態了。因此，「命理預測」時，過份的渴求，也是造成「測不準」的原因之一。

（十七）卜筮者將注意力集中在「所欲卜筮的問題上」，就在那一瞬間就會產生出諸多「可能性」的一種，當然，卜筮者能把「情緒」集中起來的功力，就是決定此次卜筮的成功性。

「情緒感覺」縱然非常抽象，但是，卻是「無量矩陣」能夠認識的語言，有些宗教的咒語和符咒，在一般人看來很奇怪，就是因為這種神祕，才可能是人類與宇宙溝通的媒介。

通常我們不會相信「只是觀察，就能改變物質的外貌。」但是，量子理論告訴我們「有意識」的將注意力集中在某一時空點上，就能瞬間將諸多「可能性」的一種，鎖定成某一種。但是，這種「有意識」的本事並不是人人可以做到的，唯有極高明的命理師才有這種能力，因此，這又產生了「測不準」的原因之一。

（十八）祈禱要認真的投入、要「虔誠」，否則祈禱的作用就不高。「祈禱」可以「淨化心靈」，因此可以減輕祈禱者所耗費的能量，也就愈不易將原「祈禱」分解成另一個「單一狀態」。如果在「祈禱」過程中，不能做到「認真的投入」、不能做到「虔誠」，就不能有效的阻止被分解成另一個「單一狀態」。這也是「測不準」的原因之一。

（十九）一般人祈求命理時的心願，大多是為了本身的「升官」、「發財」、「考試有好運」、、、，這些祈求都是「以自我為基礎」的慾望，這些祈求已經違反了「使量子可能性成為事實的要求：不另帶動機坦率請求」，因而，不會使祈求的願望成真。這是一般人，通常容易忽略的問題。無怪乎有「測不準」的說法。

（二十）祈禱有沒有效？端看此人的動機是否純正。祈禱時要能做到「無思」、「無為」、「極深」、「研幾」，這種「情緒品質」才是《周易》的對應函數，也就是「無量矩陣」有意義的映射。也就是要能做到「不另帶動機」、「坦率相求」的「情緒」，才能有效的與「無量矩陣」溝通，才可能把祈禱者的祈求，變成「真實狀態」。

然而，一般凡人的祈禱，都是自私自利的，這種祈禱難以成真。唯有「真誠無妄」的修道之人，他們的祈禱才會發生真正的效果。因此，一般凡人的「命理預測」，如果做不到「不另帶動機」、「坦率相求」，「測不準」是當然的現象。

（二十一）專注的「意識」，會使期望變成「真實」。也就是說，祈禱要真誠，要全神貫注，不要含有雜念。1909 年，英國物理學家泰勒的「雙狹縫實驗」，可以確認能產生「覺知」的作用者，就是觀察實驗的人。亦即，觀察者決定了電子的進行方式。相對應於「命理預測」，卜筮者若具有強烈的觀察「意識」，就能決定了命運的進行方式。

此實驗之結論：電子有時候會根據我們的期待行動；然而，有時候電子的行為需要量子理論來解釋。吾人相信，卜筮者的功力，決定了他的觀察「意識」，若是觀察的「意識」不夠強，就難以掌控命運的進行。這也就是「命理預測」中，往往「測不準的」原因之一。

（二十二）越是渴望於某件事，也就是，想要改變的慾望愈強，改變的力量就愈難以捉摸，反而越不容易達成這個願望。積極但不要失去了理智，就不會失去了「擁有力量的自由」。「無欲則剛」可以說明此處的道理。也就是說：

祈禱時，不要摻雜個人的情緒和自私的喜、怒、哀、樂；「命理預測」時也不要加上個人的臆測或喜好。然而，往往命理師會把自己的情緒帶入「命理預測」中，這也是「測不準」的原因之一。

（二十三）如果「感覺」是我們的選擇方式，不停的「感覺」，就表示不斷地在做選擇。唯有眾人都在選擇「祈求國泰民安」，這種選擇才會長久不變。然而，一般的凡人，總都是為了個人的私利而選擇，這種選擇在眾人之間，顯示出的「感覺」，散漫凌亂，每每因人而異。因此，唯有大公無私的祈禱，全體的量子活動方向才會一致，就不至於發散漫無目標。

若是只是為了個人的自私利益而卜筮，「測不準」是必然的。

（二十四）實施各種「命理預測」時，每一個卜筮者所祈禱的內容都一致時，這個祈禱的力量就很大。如果，眾人的祈禱內容不一樣，力量就會分散。「測不準」的情形就會發生。

（二十五）「準與不準」有時候很難定義清楚。譬如，卦象指示「明日要注意交通事故」，第二天卜筮者很謹慎地開車、注意交通安全，當日沒有發生交通事故問題。此一結果算不算是因為占筮的「準」？

（二十六）中國傳統的命理方法，其訴求之對象，原則上只包含了華夏的中原地區人，若是隨著出生地區越偏遠者，命理預測的準確度就越低。測不準也很正常。

（二十七）紫微斗數中的「命盤」是共用的，因此稱之為「共盤」，「共盤」只能推測「共性」，無法推測出「特性」。因此，沒有鐵口直斷的準確性。

命理預測中，並不是每件事都可以推算得，只有「憑著個人自由意志，可以充分決定或選擇的事物」，才可以推算，除此之外，不宜以命理推論，硬要推論測不準之情形，當然難免。

（二十八）任何命理方法，都是使用個人出生的時刻為條件。因此，命理預測也只是為個人而設計的，若是，推測中有牽扯到與他人相關的事物，當然測不準。

（二十九）命理學中有「絕對」與「相對」兩種名詞。其中「絕對」是指命理中一成不變的，在生命歷程中，凡是與血緣關係存在的人或事，都是屬於「絕對」的，這就像是佛教中所謂的「定數」，「定數」不可改，人們只能默然承受；「相對」的意義，在不同的時、空下，有不同的意義，命理預測時，必須輸入所有的相關條件，才可實施命理預測（這些必要的條件，就是統計學中的「中介變項」）。往往，命理預測都疏忽了這些問題，因而測不準。

以上，臚列了二十九種「命理預測」「測不準」的原因，有些原因是大自然所賦予的條件，也有一些是卜筮者本身修為的問題。以目前人類的能力，難以更變大自然的規範，唯有自求多福，「命理預測」時，卜筮者要加強本身的修為，才能使得「命理預測」更準確一點。

但見坊間各種「命理預測」的書籍琳瑯滿目，個都自捧「神準」。然而，除非是神仙，「神準」二字決難達到。吾等凡夫俗子，應該潛心修習「命理預測」方法，卻不能盲目地迷信它的「神準」，而只可期望它的「指點迷津」，啟發我們的「靈感」而已。

叁、《周易》應用的人天感應

當個人遇到疑惑無法解決的時候，可以祈求上「天」指引正確的行事方向，然而，本研究認為此處所謂的「天」，並不是指某一個神明、上帝、老天爺，而指的是每個人本身「潛意識」所召喚出來的能量。人類的「潛意識」包羅萬象，有好的也有壞的，然而，本研究認為，《周易》的六十四卦是最能夠作為指引明燈，激發出每個人所具有好的「潛意識」的部份。「人」應當如何才能有效的激發出好的「潛意識」，而能與「天」密切地感應，此即本研究之目的。

本研究的「人天感應」，係以《周易》為工具，根據「共時性」理論，當卜筮者以誠心誠意的心態，經過長期虔誠地修煉，透過卜筮工具，針對所欲探求的疑惑問題，激發出有效的「潛意識」，即能將內心之疑惑與《周易》的六十四卦契合，找到最適合「指點疑惑」的卦象及卦辭、爻辭。

自己的疑惑應該求諸本身，這樣才能得到最密切的「人天感應」，這才會使得卜筮結果更準確。因此，卜筮者本身對於「潛意識」之激發，以及對於《周易》六十四卦內涵之純熟、了然於胸，融會貫通各種應用變化，能有越多的靈修，就會獲得越準確靈驗的卜筮效果。

一、「人天感應」之真諦

古人研究《周易》有各種說法，有人認為《周易》是卜筮之書；也有人認為雖然《周易》是由卜筮所衍變而來，但是它的寶貴之處是在於此書內涵的哲學性，因此，認為這是一部哲學的書；另有人認為《周易》是一部探究天文曆法之書；也有人則認為《周易》是一部史學著作。從這裡可以看出，由研究者所欲討論問題性質的角度，即是決定《周易》是屬於哪一類書的前提。本研究欲“探討「當個人遇到疑惑無法解決的時候，想要借助《周易》的預測功能來解釋疑惑”。因此，本研究已先決上把《周易》看成了一部具有預測功能的卜筮之書。

一提到卜筮二字，就會有人把它想成了江湖中的算命之術，實際上卜筮並不是用來算命。算命之學經常用到「五行」，而在漢朝以前的《周易》中，原本並沒有提到「五行」之內容，八卦與五行應是分屬不同的領域，但是，自戰國末期鄒衍至漢代京房等人，將五行加入了《周易》之中，並取代了《周易》中原本的數術。此後，義理學派開始攻擊象數學派不是真正的易學；象數學派也攻擊義理學派不知數術。其實，這兩派各偏一執。《周易》原本乃「象、數、理」一體，義理派固然不知象數；象數派所爰用的數術，也不是原本《易》學中的數術。為了不使兩派的分歧，因而降低了《易》學原本的功能，茲後又有許多《易》學專家，再試圖將義理與象數合併一體。

宋代儒學家張載，首先提出「天人合一」之觀念，此一觀點早在《周易》便已存在了。在《周易》裡，天尊地卑的樸素觀念，一直影響著中華文化思想。《周易》看天與人的聯繫，著眼在客觀的規律上，認為天的運動有一定的規律性，人的活動也應遵循著此一規律，這種觀念就是「天人合一」。本研究認為《周易》的卜筮目的在祈求指引如何「趨吉避凶」(「趨吉避凶」是預測的大方向 與江湖上的算命並不相同)，因此卜筮者亟欲知道的是，怎麼做才能做到「人」與「天」的和諧無違，也就是對於所欲卜筮的事情，怎麼做才能知道「天」的反應態度，這就是本研究的「人天感應」之期望。

徐木蘭等人（2006）研究靈動性管理決策模式，其觀點認為決策者可以透過占卜過程，以獲得相當程度的管理決策啟示訊息，再參酌相對應的古人生活與管理決策經驗，以及占卜者的個人生活經驗、占卜解惑歷練和推理能力，來協助認清問卦者目前所處危境的狀況，以及應該採用何種解決方式。

李燕（1987）認為《易學》的本質是預測學，他認為：「人世間，凡無用之學皆難以傳世。《周易》之學能垂千載之久，為歷代智者尊若神明，當必屬有用之學無疑！」李燕認為應用《周易》之”卜筮”的出發點和目的，就是為了預測事物的發展，「揲蓍法」則是因此而產生的。李燕認為「揲蓍法」之應用非常繁複、不簡也不易，因此，他自創一種《禪易功》的「卜卦法」，此法之實施可分為以下三個步驟：

第一步：取卦。從客觀事物中取卦成象，遵循下段《周易》繫辭所述：「《易》無思也，無為也，寂然不動，感而遂通天下之故。」在這種思想的驅動之下，卜卦者從「繫辭」中尋覓古人「取卦」方法和過程：「古者包犧氏之王天下也，仰則觀象于天，俯則觀法于地，觀鳥獸之文與地之宜。進取諸身，遠取諸物，于是始作八卦，以通神明之德，以類萬物之情。」;「通」之後，就自然可以參天地而質鬼神。在這種體會之中，卜卦者即以禪功令意向定于所欲測之人或物，膚感立即傳來：痠、麻、熱、脹、串、沉、涼、疼、無感，各以不同之比例輕重與先後而得感。以此感而成卦；

第二步：演繹所取得之卦象。演繹卦象的根據，來自實踐對應存錄。一是以古人所存錄的，例如：乾為天、為圓、為西北、、、，其二是以卜卦者本身之所存錄者，例如：乾兌相聯為現代之飛行器，為高層交涉、、、。卜卦者依先後排列與各卦輕重之不同，可大致得知所測事物之發展曲線；

第三步：將所預測之結論與所測事物檢查應驗情形，實踐是檢驗真理的唯一標準。

中華文化道統，一向以「天」作為人的精神活動與動力的方向，此處所說的「天」，並不是人格化所指的某一個神明、上帝、老天爺，而指的是每個人本身的「潛意識」所召喚出來的「能量」，這是哲學思維的定勢方向，它能引導人們的思想，它並不是一個存在的實體，雖然它可以在具體環境下解釋為主宰之天、命運之天，但那都只是每個人內心思想的抽象代表。因此，此處的「天」不能拿它和具有人格意義的「神、鬼」進行類比，它不是一個可以具體表示的目標，而是指的走向終極目標的「導引」。每一個人、每一個不同的時空背景下，即使對於相同的一個目標，所行走的 「過程」並不相同 ，因此，雖然生活在一個相同文化環境下的一群華夏子民，縱然具有相似大環境下的「集體潛意識」，但是，個人的「潛意識」卻未必相同，也就是說，每個人與「天」之間的感應未必完全相同，多多少少會有一些差異存在著。

古代天文學中，「天」為萬物運作之實體，沒有鬼神只有秩序，人可以運用智慧去瞭解這個秩序。儒家思想基本上視「天」為自然的、自動運行之力量，但是並不探索具體自然現象，而集中心力研究人之社會，並將「天」視為一種道德力量；道家對天的哲學思辨，是將「天」解釋為本然自有的自然之道，人以順應自然之道為處世原則。（郭士賢，2002，《本土心理學研究》，17 期，頁 269-307）

因此，我們每個人內心各有一個「天」，這個「天」指的是就是此人內心認知的道德力量。雖然，每個人所認知的「天」未必相同，但是，中華文化的儒家思想，以及各種宗教的感化薰陶，越到後期人們內心的「天」將漸漸會趨向一致。

中國人一向敬「天」，對於此處「天」的認知，還可以從中國人的宇宙觀談起。宇宙觀的理論有很多種，其中的〝理論模型〞的宇宙觀，將人視為〝能自我反省之人〞，並且認為人與環境的互動關係，是辯證式的來往（Riegel, 1979）。此種理論模型稱之為〝行動理論〞（Boesch, 1980）。

在參考能力及自身意志之外，行動理論還認為行動者本身具有潛在的自我反省能力，此種能力會不時地反省自己的行動（包括意識及潛意識之反省），人的主動性都表現在針對「行動」的反省與執行中。

Eckensberger（1990,1996）在說明行動與文化的關係時指出，一個行動目標的形成與調整，必須考慮到〝個人喜好〞、〝習俗規範〞、〝法律規定〞及〝道德觀念〞。儒家認為「天」是道德化的「天」，人的道德行為可以與「天」相互感應，人的道德行為是否合乎「天」理，實際上可由行動理論具體導引而出，從此處可以知道，「天」對於人的行為、道德行為的規範，實際上就是個人的內「心」自我反省的調整。其中，意識與潛意識根據〝個人喜好〞、〝習俗規範〞、〝法律規定〞和〝道德觀念〞，對於本身行為不斷的調整和約束，其終極就是中國自古就相信的〝天人合一〞之結果。亦即，人的「行動」經過不斷的自省、調整，最終就能與「天」理一致，此處所謂之「天」，並不在飄渺無際的遠處，其實就在每個人的「心」中，或者可以說，人們所謂的「天」，其實就是個人內心的「潛意識」。

「人天感應」的「天」以「潛意識」為代表，「人」就是指的「人的行為」。「人天感應」所追求的就是，本身外在的行為，能與「潛意識」一致（此處之人天感應為本文所獨創之見解 不同於「天人感應」。「人天感應」強調以「人」為主導，經過不斷地心靈之修練，始能配合「天」的磁場。如果，「人」、「天」的磁場不能一致，就會使得於這兩處的磁場不能相容，當「人」、「天」相接觸的磁場不相容時，就會產生亂碼，人腦中就會出現雜音、陰影，就像是電腦中毒的現象，人們對於這種雜七、雜八的黑影，無法形容時，往往就用「鬼」來解釋。所謂「疑心生暗鬼」，就是因為腦中的思維造成了混淆，使得現實的磁場產生了混亂，就會出現莫名的「鬼影」。

二、潛意識

潛意識指的是「潛藏在我們一般意識底下的一股神祕力量」，是相對於「意識」的一種思想。潛意識是人類原本具有的，卻由於人類某些功能的退化，所漸漸被遺忘了的能力，潛意識的動力，深藏在我們深層意識當中。

潛意識聚集了人類數百萬年來的遺傳基因的訊息，它囊括了人類生存所需要的所有訊息。因此，只要能有效地掌握住潛意識的開發，就等於掌握住了生存的指引方向。

潛意識的世界，是超越三度空間的超高度空間，潛意識一經開發，即會和宇宙意識產生共鳴。宇宙的訊息經常會以圖像的方式浮現出來，人類的心靈感應，也就會藉由圖像的指引，一一出現。每一個人都具備潛意識的存在，這種觀念和理論，最早以學術性立場，提出潛意識的說法的，是西格蒙德·佛洛伊德（Sigmund Freud, 1899）。

佛洛伊德所談的潛意識，是一種與理性相對立存在的本能，是人類固有的能力。他認為：人類有一種本能，就是追求滿足的、享受的、幸福的生活潛意識。這種潛意識雖然看不到、摸不著，卻一直在不知、不覺中控制著人類的言語行動，在適當的條件下，這種潛意識就可以昇華成為人類文明的原始動力。

如果將人類的整個意識，比喻成一座冰山，浮出水面的部份，就屬於"意識"的範疇，此一部份約佔整體的5%，隱藏在冰下95%的部份，就是"潛意識"的力量。

一般人很少有效地利用到"潛意識"的力量，即使，像愛因斯坦這種天才人物，他的一生也應用了不到"潛意識"的 2%。由此可以看出，一個人如果能善用他的"潛意識"的力量，很明顯的他就是一個很聰明、非常成功的一個人。

"潛意識"大師摩菲博士說：我們要不斷地用充滿希望與期待的話，來與"潛意識"交談，"潛意識"就會讓你的希望和期待成為事實。

三、集體潛意識

榮格（Carl Gustav Jung, 1912）承襲了佛洛依德的潛意識理論，並加以擴充，將潛意識劃分為「個人潛意識」和「集體潛意識」。榮格提出「集體潛意識」之創見，他認為「集體潛意識」就是人類世世代代活動的經驗累積、就是人類進化過程的紀錄，「集體潛意識」一方面是由人類歷史長期的演化而來，另一方面「集體潛意識」又是先驗留存在人類的基因裡，透過遺傳的方式，人類得以承接太古時代以來的「潛意識」，傳自太古以來的「潛意識」即為「集體潛意識」，而人類共通的心理機能，就是所謂的「原型」（Archetypes），「原型」就是人類經驗的共同心理象徵圖像。「紅色火光」、「太陽」、「月亮」、「高山」、「大湖」、「風雲」、「雷電」、「河流」等圖像，深深的印植在人們的腦中，這是重要的「原型」，實際上就是「八卦」之象。

本研究認為，「集體潛意識」中的「原型」，就是《周易》的「乾、兌、離、震、巽、坎、艮、坤」八卦符號，或者再擴大範圍，即是「六十四卦」的卦象，這是人類自亙古以來即具備的相同之遺傳基因，對於一般人來說，這些「原型」深藏在「潛意識」之更深層的「集體潛意識」中，想要採掘其中的寶藏，必先經過「潛意識」有效的激發。

強而有力的「原型」，不但會影響個人的命運過程和行為，同時也會影響人類文化和歷史，「原型」代表了運作於每個生命的宇宙性支配法則。在榮格看來，「原型」是「集體潛意識」最重要的構成內容。最原始的「原型」來自於大自然的現象，人類感官所接觸的影像，經由個人「意識」傳達到「集體潛意識」中，成為人類的共同的共識，這種共識同時也包含了我們對這些現象的感受，當遇到相似的現象時，相同的「原型」就會浮現出來。

一個人的言語和想法之來源就是他的感覺，感覺要比語言及想法更有力量，因為感覺是從「潛意識」而來。當某個人想要改變原來的行為時，就先要改變原先認為錯誤的態度，當改變了平日的用語、用字之後，思想就會隨之改變，這個人原先的態度也就會隨之改變了。當內心確定了這個正確的用語，他的潛意識不知不覺的「接受」了內心的敘述，就會解讀這種感覺並將之付諸行動。潛意識很容易親近，而且不拘形式，不必完整的句子，只要隻字片語，潛意識就會把它儲存起來，當有一天此人需要感應時，潛意識就會把以前所收藏的感應很自然地釋放出來。

榮格在二十世紀初開始接觸中國道家和佛學的思想，最後他又從《易經》推衍出了「共時性」(Synchronicity）原理，此一學理之推出，得以解釋了許多卜筮、占星等神秘學上原本無法解釋的現象。所謂「共時性」是指：當一件事情被客觀的觀察時，有另一件不相關的事情，也會有著相同客觀的觀察結論(這句話正是支持何以「人天感應」能夠發生作用的理論)。榮格也發現，個體的心理事件，諸如夢境或幻象，經常會與其他一般性的事實形成有意義的巧合，而，這種巧合都是無法用「因果律」來解釋的。在夢裡，榮格可以找到思考已久問題的答案，可以同步感應到親人的動態、可以預見到未來的訪客、甚至可以預知未來戰爭的場面。這些夢既不侷限於自體，又能夠穿越時間和空間。按照榮格自身的解釋，「潛意識」裡埋藏了苦思不解問題的答案，也貯藏著創意、靈感、直覺和超感覺力等高層次的意象和資料，這些資料並不存放在「意識」層面，也不是從經驗中可以獲得的，在清醒狀態下也不會被運用到，但卻可以在夢境中展現。

「共時性」原理可以如下的解說：當卜筮者觀想本身所面臨疑惑的情景時，原本不相干的卜筮過程，也會出現相同涵義的卦象。此一理論得以支持了「為什麼不相干的卜筮動作，卻能得出與疑惑問題相同的情境。」

另一位心理學家，卡倫霍妮（Karen Honey, 2009）也曾提出「潛意識」的說法，她認為「潛意識」不見得都是內心壓抑性的暗示，也不認為「潛意識」都是正面現實的不滿足感，她認為「潛意識」可能會記載著個人童年家庭各方面的壓力或恐懼，而會在日後不斷的出現在夢境中。亦即，在適當的時機下，「潛意識」能把深藏在內心的經驗，經過適當的排列組合，再以正常「意識」所不能捉摸或掌握的形態出現。本研究同意此一論述，當卜筮者期欲感應「天」的協助，以解內心疑惑時，即可借助內心靈修、外在虔誠的卜筮儀式，安排了「最適當的時機和環境」，以誠心誠意的激發出個人「潛意識」，用以獲得遠超出顯在「意識」對於疑惑之啟發或感召。

人類特異現象研究學者柯雲路（2014），曾經對於數術預測方法有以下看法：

（一）人人都具有神靈，此神靈就是「潛意識」，個人的「潛意識」能與宇宙的「集體潛意識」相通；

（二）個人的「潛意識」具有預測功能，但是，在大多數的情況下，個人的「潛意識」預測功能並不容易顯示出來，需要靠靈修才能激發出來；

（三）占筮時，要先進入一種狀態，在這個狀態下激發「潛意識」時，要放鬆、入靜、虔誠、信神、敬畏、默念占筮的問題，每個步驟都是「潛意識」在做抉擇。

以上這內容，就如同《禮記》的〈五經解〉提到《易經》時說道：「潔靜精微，易之教也。」這是說學會了《易經》這門學問的人，他的心理思想、情緒的變動，必然是非常潔淨而寧靜的。這也就是說，唯有「潔靜」之人，才會有足夠的「靈修」力量，才能有效地激發出有用的「潛意識」。

榮格提出的「集體潛意識」是人類歷史與文化的所組合的母體，所有的人類在其內心深處都潛藏著這些內涵。榮格的研究經驗發現，他自己的經驗或是病人夢中所見到的幻象，與古老的神話或宗教所見到的幻象極為相似。因而，榮格認為這些心靈的幻象產物，並非僅是由於此一個人的經驗，而是反應自累積了人類祖先所共有的「集體潛意識」。中華文化在數十萬年以前，即已形成了獨特的文化特質。一萬年前，中華民族的人類社會進入了新石器時代，此時的文化歸屬稱為“龍的文明”，此種文化以“圖騰崇拜”、“自然崇拜”、“生殖崇拜”、“女性崇拜”和“祖先崇拜”為特點，這些特點，即構成了中華民族「集體潛意識」的基本元素。

在命理學中也認為：「過去是不同業因之根由，所以感受到今世不同的環境。所謂環境，包括父母的遺傳，文化和文明的背景、養育和教育，乃至兄弟姊妹等親戚、師長、朋友、同事、同學，都會影響今生的命運。如果前生的業因雖壞，感得今生的環境也不好，那也未必是決定的壞；此時，只要注意內心的修養、身體的健康、知識的增長和智慧的開發，就會改變原有不好的命運。所以，僅僅根據生辰八字的命理，來判斷人一生的運道，對中下等人不無道理，但是對中上等人，特別是上上等人，則是無法掌握的。」命理學的這一段話，不僅是附應著「集體潛意識」，而且也強調要注意內心之修養，才會有好命運。

潛意識裡，不會遺漏任何一件事，其中有一些是屬於「負面的暗示」，這些負面的暗示經常會以變貌或偽裝出現，一般人經常會在不知不覺中，讓他溜進潛意識中。潛意識並不會分辨訊息的「正、負」面價值，它只會無條件地接收。而，分析與判斷則是「意識」的功能；「潛意識」還具有「歸類」的特性，它能將與自己心念一致的事物吸引過來。因此，為了能歸類到「善良的潛意識」，積極向善的靈修即為充份的條件。

四、卜筮的道理

卜筮不是算命，不是有求必應，更不是迷信。有關卜筮的理論，可經由以下說明：

（一）卜筮只有指引、沒有答案

嚴格來說，卜筮是以事先已經預設了某種超自然力量，預測未來的可能情況；而，科學預測則是出自於機械化、無感情的世界觀，並且仰賴自然的經驗法則和可重複驗證的操作方式。因此，從操作的定義上而言，以科學研究的精神，而不能認同的方法，去進行預測的活動，都可以說是卜筮。根據理論，卜筮是一種以某種「靈修」的力量，對潛意識中所儲存的訊息，進行解碼的過程。上古時期的原始民族，對於大自然事物的現象缺乏認知，因而，常藉由自然界的徵兆來指示行動，自然界的徵兆不容易明顯可見，必須藉由人為的卜筮分析和解讀。卜筮是由外界事物的動向和變化，向非人的靈體探詢想要知道的事物，通常卜筮會出現模稜兩可的答案，因此，解占者的功力影響解卜非常重要。

《繫辭》下傳說：「八卦成列，象在其中矣。因而重之，爻在其中矣。剛柔相推，變在其中矣。繫辭焉而命之，動在其中矣。」這是說，舉凡天地間所有的景象，全都包括在八卦裡頭。陰陽兩爻，互相推動，一切宇宙的變化，都在其中了，《繫辭》指出一切的徵兆，都在其中產生變動。以《周易》卜筮為例，當某人想要卜筮問一個問題：「他有喜歡我嗎？」卜筮的結果，不會直接告訴你答案，但是會指引告訴你 ：如果「、、、」則「、、、」，至於會不會喜歡你，則由卜筮者自行判斷。由此可知，《周易》之卜筮，並不是告訴明確的答案，而祇是提供了「趨吉避凶」的指引方向。因此，《周易》之卜筮與一般江湖術士之「算命」，是截然不同之兩套方法。

（二）《周易》的「共時性」作用

根據「共時性」理論，卜筮者對於所欲探知的疑惑，就能夠同時出現與《周易》六十四卦中相同涵意的卦象。榮格所說的「潛意識」，其內容包含萬象，有好的、有壞的、有用的、無用的。而，卜筮者想要與「天」感應、借助「天」之能量解釋疑惑，此時只需要「潛意識」中能有幫助之部份。亦即，只需要取用「潛意識」中，能夠提供「趨吉避凶」的《周易》六十四卦。

激發「潛意識」，從《周易》的六十四卦，對應出最適合的卦象，甚至卦辭、爻辭，探求能夠解惑的指引方向。如何能將本身之「疑惑」與《周易》的六十四卦象，激發出共鳴，此即「人天感應」的主要精神。

資料既已存在，人們如何去提取？亦即，按「共時性」理論，在卜筮者的感應與外在事物之間，其實就有了「共時性」的對應了。透過卜筮的工具，就能提取資料，由於「潛意識」經常以原始的形象出現，不論任何方式之卜筮工具，都能從巨大的資料庫中提取出資料。根據理論，在同一時空之中，不論任何占卜師，都能占斷出相同的內容；但若時空不同，就因為資料庫中的資料有所增添而不同，占卜師的解釋就會有所誤差，亦即，兩次卜卦的時間距離越長，占卜的結果就會出現越多的變化。除了以上所述問題之外，占卜師之功力，端視它與巨大資料庫之契合與理解。占卜師的靈修，就是為了能與「潛意識」契合，也就是說，靈修能力不足之人，卜筮未必靈驗。

「潛意識」的內容太抽象，若是將人類所信服的各種宗教之教義，再加上《周易》所提示人生所應遵循的道路，就幾乎是完整「正向潛意識」的導引。本研究建議，透過卜筮過程，尋求「人天感應」之具體作法 ，可按以下步驟實施：

步驟一：以「所欲卜筮之問題」，正心誠意地以「潛意識」感通後成卦。此處，本研究也認同《繫辭》的：「《易》無思也，無為也，寂然不動，感而遂通天下之故。」此段話中的「感」，就是藉用靈修激發 「潛意識」；

步驟二：以「潛意識」激發最適之卦象、卦辭、爻辭之闡述。卦象、卦辭與爻辭之解釋並非固定不變的，因人、因事、因環境之不同，經由「潛意識」的巨大能量選取出最契合意境的辭語；

步驟三：萬事萬物的隨機變動過程，難免產生誤差干擾，卜筮者也難確保毫無差錯（連孔子都承認『百占而七十當』，可見並不可能每次卜筮都必然準確。）承認干擾誤差存在的必然性，就不應只以一次的隨機卜筮判定結果。若是，發現事實的發展有違常理，則應考慮以再卜的方式，尋找卜筮之「信賴區間」。此一步驟所述，與李燕《禪易功》之應驗檢測並不相同，因為本研究認為在很多的情況下，不容易對於預測實施應驗檢測，而提出以卜筮之「信賴區間」替代古法之卜筮結論。

五、結　論

本研究的「人天感應」，係以《周易》的卜筮為工具，根據「共時性」理論，當卜筮者以誠心誠意的心態，經過長期虔誠地修練，透過卜筮工具，針對所欲探求的疑惑問題，激發出有效的「潛意識」，即能將內心之疑惑與《周易》的六十四卦契合，找到最適合的卦象、卦辭及爻辭。本章特別提出潛意識之觀念就是為了說明為何以《周易》作為卜筮為工具就能有效地產生卜筮的效果。

個人內心的疑惑，只有當事人本身最清楚，自己的疑惑，要靠自己去尋求答案。如果，不能親手演《易》，還需要另找解卦者幫忙，縱然當事人能把問題詳述給專業解卦師，畢竟，這還是隔靴搔癢，總是無法抓到要點。因此，卜筮要靠自己。但是，卜筮所需要的靈修準備功夫，不是人人都已經具備到的。每次激發「潛意識」與卦意相通時，不僅需要極大的靜心誠意，也還會耗費極大的能量。雖然，專業解卦者，可以幫助解卦，但是，這些解卦者終日要為他人解卦，經常流失了過多的能量，已經沒有太多剩餘的能量能額外幫助他人激發「潛意識」。因此，「人天感應」最重要的準備功夫，還是得靠自己。

肆、「卜筮」可以啟發“靈感”激發“創意”

命理學中包含了許多不同的方法，其中所需不同背景資料的不同，其卜筮技巧方法也就不同，對於這些不同性質的卜筮技術，由於各都表述自己方法的「神準」，因而，各自擁有許多信眾。然而，無論多麼神準的卜筮技術，其中也常見到卜筮不準的情形；當然也會有一些卜筮相當成功的案例。為什麼這些神秘的命理卜筮方法，有時候「準」，又有時候「不準」？為什麼各種卜筮的方法所需提供的背景、資訊並不相同，例如有的用中國農曆的生辰八字，有用八卦、義理，有用五行，有用隨口報數字的梅花易數神來之感起卦，又例如小成圖起卦，還可以使用西元年曆等等。這些起卦方法不同卻也不會影響斷卦，這些令人難解之情形如何解釋？還有更令人訝異的，大家都知道孔子在《易經》上的造詣，孔子贊易、十翼中大部份都是出自孔子的著述，孔老夫子當然夠稱得上是《易經》大師，但是，自古至今從未見過孔子在《易經》卜筮上超凡絕頂的功力，而且連孔子自己也都承認「百占七十當」，世間還有誰的卜筮能量可以超過孔聖人的修為？怎樣的人才會有神準的卜筮能力？這些疑問一直是千百年來未解的懸迷，相信也是絕大多數人的好奇、想要知道的，都想知道其中是否另有可以解釋的理論？這就是本研究期欲深入探討的主要目的。

本研究蒐集各方《易》學專家之意見，研究各種命理技術，最終發現，無論何種命理方式、無論使用農曆或國曆，都不會絕對影響論斷的結果；另外，無論多麼「神準」的命理師，也不可能真的「神準」，各種命理推斷都必然存在著「誤差」。

本研究認為「命理預測」時，無論使用何種卜筮方法，無論如何起卦，無論應用何種型態之資訊，這些都不是最重要的，重要的是如何在該卜筮系統架構下，能夠合理的對於問題背景引導出合乎系統「邏輯」的導引。這個導引就產生了所欲「命理預測」的“靈感”，由此靈感繼而激發出趨吉避凶的“創意”行動。本研究也以三個例證說明了「命理預測」就是為了產生“靈感”，繼而可以激發出“創意”。

一、華夏先民的卜筮

古代先民的生活條件困苦，先民們需要努力的為三餐與生活奮鬥。在科技尚未發達的時代，當豪雨、颶風等天然災害突然爆發，無法事先知曉，往往造成先民們生命財產的嚴重損失，自從發明文字之後，先民們用簡單的文字符號，記錄了所有生活的狀態，其中也包含了大自然的運行模式。

各種自然界甚至星辰的運行模式都有一定的週期性，一旦，這種週期性發生了特殊變化，古人便將這種異常稱之為「異象」。古代的帝王號稱為「天子」，這是上天選派來治理下界人民的，因而歷代的帝王對於「異象」特別重視。帝王深信可以透過「異象」了解上天所欲傳達之旨意。因此，歷代都設有專司觀察星象的官職，稱之為星工、星官或是欽天監。星官的職責主要是觀察星象的變化，向天子轉達上天的警示，讓天子能夠堅定執行正確的決策或修正施政的錯誤。星官們的職責其實就是在作「命理預測」，由此可知，先古時候的命理預測，基本上是作為「天子」施行政策的依據，若是這位「天子」沒有私心，確實是為了百姓謀福，則無論那一種「命理預測」都不至於有害。然而，畢竟不是每一位「天子」都是大公無私的。商朝就是一個奴隸王朝，為了詢問上天的旨意，商人發明了一套占卜系統，這套占卜系統就是為了「天子」而設，藉著這套系統，「天子」可以用以斷定事物的吉凶，更可用來控制人民的思想。商湯建國傳至紂王，紂王荒誕邪淫、朝政、國是日益敗壞；當時，有一個小國「周」，傳到了第十一世，就是後世所共知的「周文王」，文王繼位後，由於他個人的謙卑有禮、尊長慈少、禮賢下士，頗為世人愛戴，四方賢能之士紛紛來歸，勢力日漸龐大。殷紂深恐造成日後的威脅，竟以卑劣手段將文王囚禁於羑里（現今河南省湯陰縣北），文王被囚三年，在囚禁期間，文王將八卦再演繹成六十四卦，這六十四卦的主要精神，不在於愚弄百姓的無知，而是在強調「天人合一」的精髓，這就是歷史上有名的「文王演易」（廖名春，2007）。

文王的六十四卦，其實就是文王所創的一套占斷方法。文王去世後，武王繼位並一舉推翻商紂，建立了周朝。不久，武王去世了，周朝的統治權落在了周公身上。周公記取商朝滅亡的教訓，因此他提出了「敬德」和「保民」思想。周公沿用文王所採用的「命理預測」工具，這些「命理預測」方法統稱之為「筮術」，在筮術之前的「命理預測」工具，稱之為「卜」，亦即，「卜」在前，「筮」

在後。卜筮的時候，卜者先在龜板鑿一個小洞，然後用火烤，火烤之後，龜板上出現一些裂痕，卜者即依這些裂痕的形狀，作為所欲卜測問題的吉凶推斷。周文王創立了「筮」，先把八「經卦」兩兩重疊，成為六十四卦的「別卦」。辭曰：

> **大衍之數五十，其用四十有九。分而為二以象兩，掛一以象三，揲之以四以象四時，歸奇於扐以象閏，五歲再閏，故再扐而後掛。天一地二，天三地四，天五地六，天七地八，天九地十。天數五，地數五，五位相得而各有合。天數二十有五，地數三十，凡天地之數五十有五。此所以成變化而行鬼神也。（周易繫辭上傳）**

由《繫辭》的這一段話說明了當實施「命理預測」時，使用的就是“大衍之數”的卜筮方法。（劉云超，2006）

為什麼華夏先民能發明八卦、《易經》，而不是世界上其他的民族？固然，華夏文化發源較早，但是其中主要的原因是由於地理、環境背景之導引，華夏民族發源所居之處，位於東亞地區。遠古時期東亞季風區複雜多變的氣候條件，和複雜多變的地形地貌，以及此地的多樣種類的動植物，為華夏先民提供了相對豐富的觀察起因和對象。

華夏先民散居於東亞各處，由於生存環境不同，不同群體的遠古人類所關注的對象和觀察方式，也因而出現了差異。由於人們重視觀察，所觀察的現象之間既有相異、也有相似之現象。其中，古人尤其對於相似性的思考更有興趣，因而很自然地產生了「類比」與「類推」的思維；華夏古人又特別注重現象之研究，古人把複雜多樣的事物，以「類比」的方法把事物簡化、規約，以便於分析。例如：《易經》以乾、兌、離、震、巽、坎、艮、坤等八種符號，分別代表天、澤、火、雷、風、水、山、地；又，《尚書、洪範》所說的五行：金、木、土、水、火 ，也是華夏古人對於萬事萬物，多樣性的觀念所概括化和模式化的「類比」。《繫辭》中寫到：

> **古者包犧氏之王天下也，仰則觀象于天，俯則觀法于地，觀鳥獸之文，與地之宜，近取諸身，遠取諸物，於是始作八卦，以通神明之德，以類萬物之情。**

伏義感悟到宇宙萬象之井然有序，觀察到晝夜四時，依序代換；四季的春、夏、秋、冬，也是毫無更動地依序在更替。伏義就自然地聯想到，人世間的洪水、火山噴發與宇宙變化，也必然具有密切的關聯，於是伏義創出了八卦，八卦是對於宇宙的模擬，同時也是對人類社會的模擬。

自此，華夏古人再經過長時期的演變、發展，最後因而衍繹出「八卦」、《易經》、《周易》，繼而又再擴充範圍，甚至以各種不同的理念、思維，所發展出各種不同的《易》學文化。本研究將各種的《易》學文化，所衍生出的種種命理占斷方法，都統稱之為「命理預測」。

本研究第二節介紹華夏民族所常見的「命理預測」方法，由各種不同的「命理預測」方法，可以看出縱然各種預測技術之起卦方式不同，然而都是應用了八卦、五行、八字等，將這些抽象的概念各賦予一些「類比」的意義，再將這些符號以「類比」的涵義，推論未來可能之發展，這就是發生了「預測」的作用；第三節說明引導“靈性思維”的命理行為，各種「命理預測」都是“靈性思維”的導引，“靈性思維”使人們產生了“靈感”，再由這些“靈感”激發出可以行動的「創意」；第四節介紹聖人之「命理預測」，本研究則認為一般的凡人，未必能感應到如聖人般的「德圓而神，卦之德方以知，六爻之義易以貢」，因而，介紹第五節凡夫俗子的「命理預測」，其功能衹是為了啟發靈感、激發創意。本節也舉了三個例子，說明「命理預測」對於卜筮者可以產生之“靈感”及“創意”；第六節則為結論。

二、常見的「命理預測」方法

無論哪一種「命理預測」方法，其主要之作用，就是為了「預測」。「預測」之定義是說：對於未來或即將發生之現象的一種敘述，這種對未來之敘述，即稱為「預測」。

「預測」的對象都是針對未來可能發生的現象或事物，這些未知而又可能發生的現象或事物，對於我們的日常生活、決策、政策制定，往往具有重大的影響。然而，「預測」之結果在未來的實行上，又往往具有或多或少的不確定性，因此，一個良好的「預測」方法，不僅是要能「預測」未來發生的情形，也要能知道未來不確定的情況，尤其希望知道如何能將不明確的情況，減少到最低點。

全人類對於未來「預測」的方法非常多，本研究僅就華夏民族所常見的預測方法，概略介紹如下：

（一）〈皇極經世》預測法

邵雍以元、會、運、世、年、月、日、時計衡時間，配以卦名以推時運。以六十四卦先天原圖為一元，人類和萬物興衰成毀之一週期，借十二地支分別統六十卦，說明「天開於子」、「地闢於丑」、「人生於寅」、「開物」、「閉物」之先後，然後解析歷史中朝代興衰、人物起落、事物發展之徵候，藉以說明人事即物理、物理即天道。此種預測方法，是以《周易》的卦象為依據。

（二）〈大六壬》預測法

六壬之法，是運用陰、陽相生相剋之道理，並與干支之配合而成。此法乃以時間起課，計七百二十課，再依課占斷預測吉凶，以六十甲子中帶有六個《壬》的單位，即壬申、壬午、壬辰、壬寅、壬子、壬戌，而五行起於水，舉陰以啟陽，其道理與兩儀生四象非常相近，可視為《易》學象數之支流。此種預測方法，是以陰陽、五行為依據。

（三）〈紫薇斗數》預測法

紫薇斗數相傳為宋代陳希夷所作，古人原用於攻防佈陣，今人則多用於推算個人運程吉凶。此方法係以個人生辰，依其定法安列諸星曜於命宮十二宮，配合陰陽五行生剋、四化、各宮旺衰疊應、三方四正等，推演結果。此種預測方法，是以陰陽、五行為依據。

（四）〈子平八字》預測法

此種預測方法相傳為徐子平所作，其預測係以生辰為基礎，據以轉換成八字，再據以推論。此法以個人之推命為主流，亦有用於日課選擇、八字合婚、命名等。此方法之運用必須具備深厚之五行生剋基礎，此為流傳較久之預測術。此種預測方法，是以陰陽、五行為依據。

（五）《大衍之數》預測法

此方法先以占卜之方式得出所欲預測問題之卦，再以《周易》六十四卦的卦辭、卦象、爻辭等，解釋所欲卜筮之問題及內涵。《易》爻所用之占斷術語，多是以「勸善規過」為主，卦、爻辭中「吉卦多戒辭，凶卦多勉辭」。卜筮者對於預測結果坦然面對、慎重其事，當可得到《易》之啟迪功效。《周易》預測法主要是以《周易》之卦、爻辭為依據。《周易》之占斷內容不涉鬼神、沒有迷信，多以警戒與鼓勵以提示為主。

（六）《梅花易數》預測法

《梅花易數》預測方法，主要的也是以《周易》之理論作為事物之推演、以卦象作為事情之演變。其易數取用先天八卦之數，大凡《周易》之卦數：乾為一、兌為二、離為三、震為四、巽為五、坎為六、艮為七、坤為八。占卜之前要先用數得數，用數來起卦，「梅花易數」之起卦方式極為活潑，可以用「文字」、「數目」、「拈米」、「年月日之數」等方式，而斷卦時除了參考《周易》之卦、爻辭之涵義，也依「體卦」、「用卦」的五行生剋，決斷預測之吉凶。

（七）《小成圖》預測法

《周易》文辭古奧，“小成”一詞源自《繫辭》“十有八變而成卦，八卦而小成一句。”蓋應“小成”與“大衍”相對而又相成。“小成圖”是將“大衍數”所筮得的六爻卦，共分列成八個單卦排列成圖，故名“小成圖”。

“小成圖”起卦方法非常靈活，隨心所欲、不用拘泥，既可用梅花易數起卦法，亦可用六爻起卦法，甚至隨口提兩個六爻卦，或可用河洛、鐵板等數術起卦方法。

（八）〈六爻卦〉預測法

〈六爻卦〉預測法，是在八卦的基礎上發展起來的。它巧妙地把陰陽五行和干支納入了八卦，根據地支與卦宮之間，相生相剋的關係，配合六親進行取象預測。

六爻預測在應用中，既不用陽曆也不用陰曆，而是以地支來表達月份。例如：寅為二月、卯為三月、辰為四月、、、；而一般的陰曆，則是以寅為一月、卯為二月、辰為三月、、、。

由上述各種不同的「命理預測」方法，可以看出縱然各種預測技術之起卦方式不同，然而都是應用了八卦、五行、八字等，將這些抽象的概念各賦予一些「類比」的意義，再將這些符號以「類比」的涵義，推論未來可能之發展，這就是發生了「預測」的作用。

類比的一個很重要的原則是:「將不熟悉的問題變成熟悉」。《易》學中藉用類比的情形比比皆是，譬如，八卦中的乾類比為天、坤類比為地。以六個陰、陽爻符號所組成的八卦，非常抽象，世人們往往都不太了解、也不熟悉，而先民們以類比的手法，將這些原本不熟悉的符號，都以人們熟悉的事、物所代替，這是一種成功的類比手法。

上述的各種「命理預測」方法，各有理論背景和適用之範圍，本研究認為，其中以《周易》之預測，是所有方法中最具客觀性，不致因人之喜好而解卦、斷卦，對於世人所懷疑的不科學之疑點，若能稍加調整卜卦、斷卦之過程，就能將不科學之疑慮釋清。

《周易》預測的思維精神，就是認為任何事物都會同時存在兩個相對立的面。陰中有陽、陽中有陰，而且陰陽是相互變化，也因為有這種的不確定性，所以任何事物之預測都不會是固定或絕對不可改變的。亦即，預測之結果也難免會發生誤差的。所以《周易》預測的論斷，所強調的是方向與前途的指示，只是指出在此時刻、此一時空中，時勢所發展的一種趨向、一種可能性，不論所預測之結果是吉或是凶，都不是絕對不可改變的。終究是吉是凶，還要看當事人的實際應對而定。

任何「命理預測」都是依據目前的時空狀態，與預測者所抱持的主觀意識，預先去推測此事未來的結果，預測者想要知道能否符合心中的期待？若是預測結果是吉，就代表主、客觀因素得以配合，未來若能持續遵照啟示實行，就會容易得到好的結果〈若僅是時機不利，就需靜待時空的轉變〉；若是預測結果是凶，就代表主客觀因素不利，此時如果不能調整自己的主觀意識與態度，去配合外在所不能操控的客觀因素，即使再努力也難改變未來可能發生的結果。

三、引導“靈性思維”的命理行為

「命理之說」是個爭議性很高的話題，但是，在華人社會中卻是普遍都相信命理，有人認為命理充滿了智慧和玄妙；也有人認為那都是迷信。本研究則認為，如果命理之推測是由本身的智慧而產生，這就不算是迷信；反之，本身毫無意識完全聽憑術士的信口開河，或是盲從的相信某些徵兆，這就是迷信。

命運之軌道若隱若現，雖然我們相信它的確是存在的，只是以目前人類的智慧和知識，還不能明確地指出這個「軌道」。中華文化在命理上的研究和努力，已經數千年，對於命理研究之進展程度，令人感到緩慢了一些，這是不是由於研究方法有些偏差所致？

命理之推論，往往以一個人的生辰八字，再加上天干、地支、五行、八卦等資訊，所建立的命理預測模式。各種「命理預測」方法，即如同於統計學中的迴歸分析預測，迴歸分析之預測能力，端視判定係數之值，若是判定係數很高，即表示此模式的解釋能力夠強。但是，越趨現代對於命理的預測，由於事物的演變越來越複雜，所需要的預測變項就越來越多，否則判定係數就不會太高、預測能力就不會太好。但是，反觀華夏傳統中的各種「命理預測」方法，卻都沒有見到需要增加預測變項的說法。

喜歡算命、相信命理的社會，究竟是一種甚麼樣的文化？為什麼大家寧肯相信一些無稽的未來，卻不願意相信目前的事實？這恐怕是由於人們普遍的「不安全感」和「恐懼感」所造成的。一般的算命師對於無助的人，無論是以任何種解卦、卜筮，所能顯示的作用，就如同一位心理師的輔導，算命師的功能就是心理輔導。何以華人相信命理的情形特別多，這可能與華人基本的「宇宙觀」，具有相當的關聯。

自春秋戰國時期，當時的哲人都精於對於變化的問題深入研究，研究之結論認為：”易”的一個涵義就是”變化”。此變化包含重視事物性質之變化，演變至重視行為舉措的具體特性、重視因時制宜，這些特質形成了華夏傳統思想的重要內容。根據不同的”變化”，就引申出各種不同的「命理預測」方法。

世間的各種命理方法，有時候真的很準，卻也有時候並不太準，細查這些「命理預測」方法背後理論，縱然也講不出來什麼道理，卻也能相傳沿襲了數千年，其中究竟有什麼特殊的神祕性？除了筆者曾經提到了「條件機率」的影響，將會產生一些心理上的作用外（「《易》學數理探索與創意」），另外，胡孚琛（2008）在為「小成圖預測學」致序時曾說到：「人類的思維有兩個層次，一曰“理性思維”，二曰“靈性思維”。」當“理性思維”無法突破既有的知識門檻時，得靠卜筮之超越一般理性之功能，以“靈性思維”得以擴大“理性思維”的思考範圍。在人類正常的情況下，都是由「意識」在掌控著思維，若非藉由命理、卜筮的導引，人類的思維永遠難以擺脫固有思維的框架。從這個角度來看，各種「命理預測」都是“靈性思維”的導引，“靈性思維”使人們產生了“靈感”，再由這些“靈感”激發出可以行動的「創意」。各種命理技術，能夠歷久不衰，各都有一群廣大的信眾在支持著，顯然它們各有存在的價值，這些命理技術各都能掌握住中華文化的“龍的文明”。“龍的文明”具有“圖騰崇拜”、“自然崇拜”、“生殖崇拜”、“女性崇拜”和“祖先崇拜”各種特點，各種「命理預測」各擅勝場地，掌握了這些特點相互間的邏輯演變，演變的技術雖然各不相同，但都不會違背“龍的文明”各基本特點相互間的關係，也都能巧妙地引用各種「符號」、「類比」，形成了合乎思維邏輯與現實的命理推衍。因此，解卦過程中，越能合乎思維邏輯，這種命理技術就越高明。

研《易》者不必有多高的智力，但是，此人所要具有的人格特質要能「善用思考」、「認真」、「勇於承擔命理推論誤差的風險」、「對於眼見的事實不會盲目順從」，「對於所欲命理推論的領域具有足夠的知識」、「能夠細心有條理地解析事理」。具備了以上這些特質，才能產生命理推論所需要的「創意」。

四、聖人之「命理預測」

朱熹認為，聖人之所以能夠繫辭以明吉凶，是基於「氣感」之可能性。

《繫辭上傳》第十章之第一段落：

「《易》無思也，無為也，寂然不動，感而遂通天下之故。非天下之至神，其孰能與於此！」

《繫辭上傳》第十章之第二段落：

「夫《易》，聖人之所以極深而研幾也。」

《繫辭上傳》第十章之第三段落：

「唯深也，故能通天下之志；唯幾也，故能成天下之務；唯神也，故不疾而速，不行而至。」

本研究認為，上述朱熹的論述不是一般凡夫俗子所能達到的。

由此三段之描述，可以察見朱熹認為《易》就是蓍卦，也就是占卜。就蓍卦本身而言，是無心的，所以說『無思無為』。從此處可知，蓍卦即相當於統計學中的「抽樣」，是無心的，也就是說沒有摻入人為的操作。然而，占卜的行為卻是基於感通，感通者為人心，未感之前是「寂然之體」，感通之後為「寂之用」，這是人心靜動的妙用。聖人基於感通之可能性，對於《易》的至精、至變有極深和細微的審視，又因為極深和細微，所以能夠「通天下之志」和「成天下之務」。本研究深深感慨，一般的凡夫俗子沒有感通之能力，又該如何應用《易》？

《繫辭上傳》第十一章對於聖人感通，並且得道之描述為：「是故蓍之德圓而神，卦之德方以知，六爻之義易以貢。聖人以此洗心，退藏於密，吉凶與民同患。神以知來，知以藏往，其孰能與於此哉！古之聰明睿知，神武而不殺者夫！」朱熹之解釋為：「圓、神，謂變化無方。方、知，謂事有定理。易以貢，謂變易以告人。聖人體具三者之德，而無一塵之累，無事則其心寂然，人莫能窺；有事則神知之明，隨感而應，所謂無卜筮而知吉凶也。神武不殺，得其理而不假其物之謂。」此段話先講述卦爻之三方面特點：「圓神」、「方知」和「易以貢」，根據朱熹之解釋，是說蓍的變化無方，卦顯明事有定理，和爻以變易告人，聖人在設卦觀象和繫辭的同時，也因此三者達到洗心的作用，所以聖人能夠以心感應此三者。如同聖人也具此三者之德一般。無事之時，聖人之心彷彿不受一塵拖累，寂然不動，無人能夠窺探；有事之時，則聖人之心彷彿可隨時發動感應，神知之用可無卜筮而知吉凶，聖人能夠得理而不假任何一物。本研究則認為一般的凡人，未必都能感應到上述的三者。

孔子晚而好《易》，並一度熱衷於卜筮。但是，孔子自承說過：「吾百占而七十當。」意即，孔子占卜一百次，只有七十次是對應成功的。孔子在年輕時並不主張占卜，年老了才開始熱衷於此，這和孔子周遊列國所經歷的人生坎坷和挫折有關。在到處碰壁，壯志難酬的情況下，孔子感到力不從心、吉凶難料，因而不得已祈望《易》之占卜，可以帶來"靈感"藉以激發出新的"創意"。

五、凡夫俗子的「命理預測」是啟發"靈感"、激發"創意"

雖然，聖人之「命理預測」是我們凡人所衷心期盼的，但是這只是一個理想，在凡人尚未真正修練到如同聖人般的「靈通」之前，凡人的「命理預測」只能追求到真實、但是較次效果的預測。

（一）創意之功用

論命是一種藝術行為，因為在論命的過程中，需要「靈感」直觀、直覺的配合，這樣才能把命理術發揮得更加淋漓盡致。由第三節之介紹可知，「命理預測」各種卜筮的方法、如何起卦、需要何種型態之資訊，這些都不是最重要的，重要的是如何在該卜筮系統架構下，能夠合理的對於問題背景能引導出合乎系統「邏輯」的導引。這個導引就是對於所欲「命理預測」的"靈感"，由此靈感繼而激發出趨吉避凶的"創意"行動。以下舉例說明「命理預測」的"創意"應用。

例 1-1：

B 君之四柱命盤如下：

時柱（偏印）	日柱	月柱（正財）	年柱（偏官）
火	土	水	木

丁	己	壬	乙
卯	巳	午	酉
偏官	正印	偏印	食神

根據命盤，對於B君之個性、運勢，批斷為：

(1) 己土：個性固執而不自覺，為人重義氣，善理事、好溝通，外表溫和，內帶猜忌且叛逆，包容心雖強，但是常感到懷才不遇，為人處世很講信用。

靈感創意：B君想想自己果然有時候會很固執，這也難怪，有自己的主見，其實和固執有些相像，B君以後當會多留意本身的個性，希望減少一些固執性；

(2) 月支午：好勝心強、不認輸、愛聽好話，受到刺激脾氣一發不可收拾，自尊心強、自卑感重，不喜歡被批評，第六感好，喜將事情提前做好，逢臨時的事情會手忙腳亂

靈感創意：關於此項特性，B君也覺得自己確實是好勝心強、容易激動發脾氣，也果然常會遇事手忙腳亂。這些都是自己的缺點，此後當儘量克制脾氣、加強修養功夫，這是自己都很甘心的調整了本性。為了不再遇事慌亂，因而，B君又學會了事前周密規劃的好習慣。

(3) 午卯二花：有人緣、早熟、異性緣佳。丙卯沖：個性敏銳，具第六感，人緣好，做事有計劃。

靈感創意：對於是否有人緣、異性緣，B君本人並不很明確，自從有了此一批斷之後，B君頓時增強了信心，與人相處倍感和氣和親切。

(4) 食神在年柱：小時候很快樂，會思考、頭腦好，讀書能靜下來，學習力強，小時候體衰力弱。成年後在工作上不論文、武皆可勝任。

靈感創意：B君回想小時候功課一直都還不錯，顯然學習力不差，在工作上一切都可勝任，加強了B君對於各種任務能夠

達成的可能性。

(5) 命帶七殺在年柱、時柱：果斷力強，敢愛敢恨、積極、公關力強，報復心重，但會選時機。

靈感創意：卜筮的批斷，認為，B 君果斷力強、公關力強，報復心重，但會選時機。啟發了 B 君遇事縱然不滿，也會認真謹慎應變的時機。

(6) 二偏印：思考細膩、機警，具優秀之領悟力，喜怒不形於色，能讓異性信賴，對企劃創造有獨特見解。

靈感創意：B 君開始相信本身具優秀之領悟力，喜怒不形於色，能讓異性信賴，對企劃創造有獨特見解。因此在各種場合都會自我要求，不致率性，對於問題之思考都能三思而行。

(7) 注意脾胃腹部之病症。

靈感創意：B 君果然偶而會感到腸胃的不適狀況，強化了 B 君對於本身腸胃保健之認真程度。

上述四柱推命之斷，對於 B 君而言，每一條、每一斷言，都似乎很像，斷言中有些評語是好的，也有些是值得未來警惕的。B 君根據每一句斷言，即此啟發得到了未來行事的改進、調整之依據。

例 1-2：

有個同學找一位易學大師去預測。書寫了一個“木”字讓老師判斷他現在的狀況，老師說：很好呀，前途光明，會有大的發展，能開創一片天地。這位同學高興地走了，事後果然如老師所說。（朱東方，2013）

此一案例之啟發：經由易學大師的開示，使得這位同學深信自己的前途光明，因而激發了更努力工作的“創意”（因為他相信自己的努力絕不會被埋沒），果然，事後驗證大師的預測是對的。

如果，這位同學當時正在吃官司，並沒有把自己的狀況說清楚，這位大師的預測與實際情況當有出入，此種情況下原先之“靈感、創意”就無從根據。通常，我們凡夫俗子，不見得都能100％順利地激發出有效的“創意”，是否是正確的“創意”，需要不時的回饋反思，思路邏輯合理才會有正確的“創意”。

例 1-3：

孫臏在鬼谷學道，臨下山的時候，鬼谷子命他採一朵花，為他占卜以決前途之吉凶。孫臏在室內看到一瓶花，就順手摘了一朵交給師父。鬼谷子說：「此花已經殘敗，你日後將遇殘害，但因為此花耐寒，你卻不致於死。」

就是這一句師父的筮言，激勵了日後的孫臏，縱然受到了龐涓的刖足迫害，也並沒有氣餒，想出了靈感、激發出終能報仇的“創意”行動。

另外還有王益加（2016，12，17，網路）所提供的數則案例，也能解釋卜筮所能激發出「靈感」，並且帶來行動的「創意」。

春秋戰國時代因為戰爭頻繁，使用《易經》來預測吉凶非常普遍，特別是當面臨勝負難料，更需要在戰前卜卦筮問吉凶。《左傳》、《國語》裡就有二十幾則用《易經》筮問的記錄，可以發現古代的智者，用卜筮方法作為「靈感」啟發及「創意」的案例。

例 1-4：

秦穆公要攻打晉國之前，先用《易經》筮問，得到蠱卦，筮官解釋為「大吉」，於是秦國滿懷信心出兵，一舉打敗晉國。這表示卜筮帶給秦軍的有振奮軍心的「靈感」，都認為這場作戰必勝，因而產生了作戰勇敢的「創意」。

例 1-5：

《左傳．僖公四年》記載，晉獻公想要以驪姬為夫人，卜之，不吉；筮之，吉。獻公說要遵照筮問的結果，卜官說「筮短龜長」，應該聽龜卜的結果。但獻公不聽，依然立驪姬為夫人。當以兩種不同的預測方法，所預測之結果並不一致的時候，此時當事人的一念之間，所激發的「靈感」就是產生了日後行動的「創意」。

例 1-6：

《左傳．宣公十二年》記載，楚國包圍鄭國十七天，鄭國想要求和而占卜，結果顯示「不吉」。眾人很失望，於是重新來過，改問：「在太廟號哭和把車開到街巷，如何？」占卜結果變成「吉」。於是城裡的人們在太廟大哭，守城的將士也在城上大哭，楚莊王因此退兵，鄭國人利用機會修補城牆。

占筮的結果「吉」或「不吉」，將會引發鄭國眾人不同的「靈感」，究竟會產生「失望」或「大哭」哪一種的「創意」行動，則是當時鄭國百姓們的一念之間。

例 1-7：

《左傳．桓公十一年》記載：楚國出兵攻打鄖國，鄖國和其他國聯盟。有人建議統帥鬭廉：「何不占卜一下？」鬭廉對於此次作戰心心滿滿，以「不占」即能激發出必勝的「靈感」，因而，就在蒲騷打敗鄖國軍隊，這是行動所產生的「創意」。

例 1-8：

《左傳．哀公六年》記載，楚昭王駐紮在城父，準備去救援陳國。他為出兵做占卜，結果為「不吉」；轉而改問退兵如何？結果也是「不吉」。楚昭王一時鈍塞，沒有激發出適當的「創意」。

例 1-9：

《左傳·哀公六年》記載，楚昭王有病時，卜官占卜的結果是：「黃河之神在作怪。」但楚昭王卻不予理會，大夫們請求到郊外祭祀，楚昭王說跟楚國有關係的是長江、漢水、睢水和漳水，「我即使沒有德行，也不會得罪黃河之神。」堅持不去祭祀，結果也沒事。這是楚昭王對於卜筮所激發的「靈感」，他的行動「創意」就是不予理會。

例 1-10：

《史記·齊太公世家》記載姬發（周武王）準備出兵伐紂時，用龜甲占卜，結果是「不吉」，而且「風雨暴至，群公盡懼」，只有太公（姜子牙，後被封於齊，稱為齊太公）力勸武王不可相信占卜，要他堅定意志，姬發於是誓師出發，結果一戰而捷，改變了歷史。王充《論衡》更記載：武王伐紂前，用蓍草筮問，「不吉」；以龜甲占之，更是「大凶」；太公於是推開蓍草，踏碎龜甲，說：「枯骨死草，何知吉凶？」這是姜太公非常有自信地激發出的「靈感」，他的行動就是「堅定意志，誓師出發」，「創意」的結果是一戰而捷。

例 1-11：

《周書洛誥》記載，周公旦為了達到將殷商遺民遷移到洛邑的目的，就說他進行占卜，但卜來卜去，就只有一個地方最合適——也就是他預先設定的洛邑。殷商遺民認為既然這是「天意」，那也只好乖乖順從。這是殷商遺民對於周公的卜筮所激發的「靈感」，所產生了一致聽從的「創意」行動。

這些明智的古人對《易經》或是其它卜筮方法，它們真正的用意和功能是什麼，其實都已了然於心。準不準對他們來說，其實沒什麼意義，也不放在心上，重要的是如何利用它們，來達到自己的目的。

（二）創意不是天生的

多年以來盛治仁總是認為創意是天生的，後來經過學習，他才發現有很多系統性的思考方式，可以幫助我們去發想，並整理我們的思緒。盛治仁也發現了，這些幫助創意的工具，雖然能夠協助引導思考的流程，但並非萬能。真要提出好的創意，還需要內外環境的搭配。內在環境指的是個人，腦袋裡的資料庫必須要有基本的存量，而且對於多方面的訊息吸收。在運用這些創意工具時，才容易觸類旁通，產生好的聯想。學習了方法之後，還要認真實踐練習。

外在環境指的是工作環境對創意發揮的引導或限制。在實務上，十個創意能有一個成功實踐，已經是很好的結果了。盛治仁的這一段聯想，與本文有相當多的契合度：

(1) 本研究所提出討論的「卜筮」，就是一種創意的發掘；

(2) 盛治仁所說的系統性的思考方式，就與各種命理方法相同，也是具有相當的系統思考；

(3) 不論哪一種的命理方法的推斷，所能啟發的「靈感」都是我們不常思考的，經由這些「靈感」可以整理我們的思緒，激發出「創意」；

(4) 幫助激發有效的「創意」，需要個人內在知識的充實，亦即，應用命理方法預測者，其本身不僅對於命理技術之研究要熟悉，而且對於所欲預測問題的本身內容，也要深入了解；

(5) 「創意」不一定都會成功，預測者能多熟悉一些命理探討的技術，就會多一些創意的產生，預測成功的機會就可高一些。（盛治仁，2016）

六、結　論

人在困境才會激發出智慧，常處在安逸的環境下，人腦會變得遲鈍、退化。華夏文化得以發展出各種智慧之學，實有賴於華夏先民艱困的的生存環境。

綜觀各種不同的「命理預測」方法，可以看出縱然各種預測技術之起卦方式不同，然而都是應用了八卦、五行、八字等，將這些抽象的概念各賦予一些「類比」的意義，再將這些符號以「類比」的涵義，推論未來可能之發展，這就是發生了「預測」的作用。

《周易》預測的思維精神，就是認為任何事物都會同時存在兩個相互對立的面。陰中有陽、陽中有陰，而且陰陽是相互變化，也因為有這種的不確定性，所以任何事物之預測都不會是固定或絕對不可改變的，亦即，預測之結果也難免會發生誤差的。所以《周易》預測的論斷，所強調的是方向與前途的指引。

聖人之「命理預測」是我們凡人所衷心期盼的，但是這只是一個理想，在凡人尚未真正修練到如聖人般的 「靈通」之前，凡人的「命理預測」只是為了導引出所欲「預測」的"靈感"，由此靈感繼而激發出趨吉避凶的"創意"行動。

伍、《大衍筮法》之應用

本篇之第貳節已經說明了《大衍筮法》不是神準的原因，一般凡人在短時間之內，無法有效地達到「人天感應」。當然，我們也不該就此放棄與天感應的機會，然而在當下，人們對於卜筮仍然可以藉由「多次抽樣」，以「信賴區間」替代一次卜筮的「點估計」。以下試舉一些範例說明大衍筮法的「區間估計」。

例一、《大衍筮法》預測考試運勢

預測考試運勢一直是考生及家長所欲瞭解的資訊，一般預測皆是以生肖或西洋星座等進行罐頭式的預測，結果與準度是離散的。以《大衍筮法》所述考試運勢預測，是以《大衍筮法》結合考生的歷年運勢趨勢與考生的人天感應，由於初學者的人天感應之精確度不易，因而，需要實施多次《大衍筮法》，以多次所筮之數據，求得平均數和標準差，以為考生考試成績「信賴區間」之估計。

若欲以《大衍筮法》所使用的數字，估計「信賴區間」，其先決的條件是數據資料應滿足「常態分配」。根據《大衍筮法》，各卦感應產生各爻之「母體」為四象的{老陰、少陽、少陰、老陽}，亦即{6、7、8、9}，此母體內之數據當然不可能為「常態分配」，因此，再應用「中央極限定理」，亦即，卜卦抽樣個數不小於 30，此時的卜卦樣本「平均數」即會滿足「考生的歷年運勢常態分配」。卜一個卦，產生的六個爻代表了「天、人、地」;亦即，上爻及五爻代表「天」、四爻及三爻代表「人」、二爻及初爻代表「地」，將一個卦的六個爻，視作六次抽樣結果，卜一次卦即相當抽樣六次，因此，至少要卜卦五次，方能滿足「中央極限定理」之應用，但是，無論何種卜卦方式，都要花費很長的時間(即使，使用金錢卦卜卦，也是非常費時)。為此，本研究建議，可使用 EXCEL 作為卜筮卦之輔助工具。

一、論斷案例：以台灣 2017 年 1 月底即將舉行之大學學測為例，考生阿強想瞭解其在2017年大學學測的運勢如何？阿強生辰為1998年12月20日(丙子年、庚子月、辛卯日)。經由阿強與老師論述其近三年之考試運勢並整理為趨勢數據，經過沐浴更衣、虔誠靜心後，進行卜筮，隨即執行大衍筮法，進行步驟如下：

1. 於運算系統，按《大衍筮法》所卜四象{6、7、8、9}之機率，各為 Pr（6） =1/ 16、Pr（7） =5 /16、 Pr（8） =7 /16 、Pr（9） =3 / 16，事先設定「數字母體」如下：

   {6、7、7、7、7、7、8、8、8、8、8、8、8、9、9、9}，再應用 EXCEL 運算系統中的「抽樣」共「抽樣」5 次，即可得出如下之卜卦結果。

2. 表 1 抽樣 5 次得出 30 個抽樣卜卦結果

第一次	第二次	第三次	第四次	第五次
7	8	9	9	8
6	8	7	9	9
7	8	9	8	8
8	8	7	9	8
7	8	9	7	6
7	8	8	7	8

3. 將表 1 中之數據，從運算系統中的 EXCEL 的「敘述運算」，分別得出 2017 年 1 月樣本平均數及標準差，各為：

   $\overline{X}$= 7.8333，s= 0.87433、將上述數據分別代入以下之神算公式：

$$\left[\overline{X}-1.96*\frac{s}{\sqrt{n}}, \overline{X}+1.96*\frac{s}{\sqrt{n}}\right]=[7.5205, 8.1462]$$

4. 得知 2017 年 1 月考生阿強考試運勢區間為〔7.5205 ,8.1462〕

5. 計算產生四象之期望值為（6+7*5+8*7+9*3）*1/16 = 7.75

6. 將 7.75 與各句之走勢區間比較之，即可得知：

   2017 年 1 月考生阿強之考運為上升之勢，上升機率為（8.1462-7.75）/（8.1462-7.5206）= 0.6332，顯示該生能考取之機會很大

   （《大衍筮法》預測考試運勢之卜卦，需由問事人親自進行卜卦，方能，對於該項考試之感應深刻，人天感應愈強，則運勢預測之結果就愈佳。）

例二、《大衍筮法》預測股價升降

以《大衍筮法》預測下一個月各旬之股價升降情形，此時所使用的數字密碼，其先決的條件是數據資料應滿足「股市K線常態分配」。然而，各卦感應產生各爻之「數字密碼母體」為{6、7、8、9}，當然距離「常態母體」相差甚遠。

為能解決此一困難，可應用「中央極限定理」，亦即，卜卦抽樣個數不小於 30，此時的卜卦樣本「平均數」即會滿足「股市K線常態分配」。卜一個卦，產生的六個爻代表了「天、人、地」;亦即，上爻及五爻代表「天」或是下個月的「下旬」、四爻及三爻代表「人」或是下個月的「中旬」、二爻及初爻代表「地」或是下個月的「上旬」，卜一次卦即相當抽樣兩次，因此，至少要卜卦 15 次，方能滿足「中央極限定理」理論何種卜卦方式，都要花費很長的時間（即使，使用金錢卦卜卦，也是非常費時）。為此，本研究以電腦 EXCEL 系統作為卜卦之工具。其進行步驟如下：

1. 於電腦 EXCEL 系統，按大衍神算所卜四象{6、7、8、9}之機率，各為 Pr（6）= 1/ 16、Pr（7）= 5 /16、Pr（8）= 7 /16 、Pr（9）= 3 / 16，事先設定「數字母體」如下

   {6、7、7、7、7、7、8、8、8、8、8、8、8、9、9、9}，再應用電腦

EXCEL 系統中之「抽樣」，共抽樣 5 次，即可得出如下之卜卦結果。下圖中之下兩列為「下旬」、中間的兩列為「中旬」、最上的兩列為「上旬」卜筮結果。

表 2　抽樣 5 次得出 30 個抽樣卜卦結果

第一次	第二次	第三次	第四次	第五次
8	6	8	8	8
8	7	7	9	6
9	8	7	7	8
9	8	8	8	8
9	8	7	6	6
9	7	7	9	7

2. 將表 2 中，「下旬」、「中旬」及「上旬」之數據，從電腦中的 EXCEL 的「敘述統計」，分別得出股市上、中、下旬樣本平均數及標準差，各為：

$\overline{x}_1$=7.9667，s_1=0.9643；$\overline{x}_2$=7.7，s_2=0.8052；$\overline{x}_3$=8.00，s_3=0.7944

3. 將上述數據分別代入以下之神算公式：

$$〔X-1.96*\frac{s}{\sqrt{n}}, X+1.96*\frac{s}{\sqrt{n}}〕$$

4. 得知本月單支股票上旬之信賴區間為〔7.4157 ,7.9843〕

本月單支股票中旬之信賴區間為〔7.5119 ,8.0881〕

本月單支股票下旬之信賴區間為〔7.6216 ,8.3117〕

5. 產生四象之期望值為（6+7*5+8*7+9*3）*1/16＝7.75

6. 將 7.75 與各旬之信賴區間比較之，即可得知

本月單支股票上旬股價平均數大於期望值，故知（7.9843-7.75）/（7.9843-7.4157）=0.4121，41.21%會上升；

本月單支股票中旬股價平均數大於期望值，故知（8.0881-7.75）/（8.0881-7.5119）=0.5868　，58.68%上升；

本月單支股票下旬股價平均數小於期望值，故知（8.3117-7.75）/（8.3117-7.6216）=0.8139，81.39%上升。

7. 綜合而言，上旬上升的機會較小，下旬上升的機會較大。

例三、「大衍筮法」推斷改換職場跑道與前途發展

年終歲末，小強面臨到職場上的工作辛勞、人際關係相處不和諧、不易討好上司、工作壓力太大，甚至還感到工握內容太貧乏，每天都在反覆地做同樣的一件乏味的工作、更多的感到薪資與工作付出不成比例、、、，種種原因都造成厭倦原來的工作，想要在農曆年後跳槽到另一個工作單位。

但是從原來的工作崗位，「想要」換到另一個工作場所，這中間可能會面臨到以下未知情況：

一、「想要」換跑道，到另一家公司上班，跳槽成功的機會大不大？

二、如果換跑道能夠成功，在這個新的工作單位，未來的發展前途如何？

以上這兩個問題，是大部份面臨更換職場跑道的人，所最關心的事。

大衍筮法所述推斷改換職場跑道與前途發展，是以《易》學中之大衍筮法結合三輪卜卦結果進行大衍神算，推斷【小強】改換職場跑道與前途發展。

首先以「大衍筮法」對跳槽成功的機會大不大，進行推斷：

老師以「大衍筮法」排算出更換職場跑道成功機率之「大衍之數」。

求卦者小強，要誠心誠意、沐浴更衣後、很虔誠地卜出以下五個六爻卦：

第一次	第二次	第三次	第四次	第五次
8	9	9	7	7
8	8	9	7	7
7	8	7	8	8
8	9	8	8	9
9	7	9	9	8
6	8	8	9	7

經排算後，得知更換職場跑道能夠成功機率之「信賴區間」為：

〔7.6624，8.2709〕，小強更換職場跑道成功之機率為（8.2709-7.75）/（8.2709-7.6624）=0.8560（高於期望值 7.75 之機率）。

經由上述推斷得知，小強更換職場跑道成功之機率為 0.8560，是以繼續卜筮小強在新工作崗位，未來的前途發展，會上升或是下降之情形進行排算推斷。老師以《大衍筮法》卜出以下五個六爻卦：

第一次	第二次	第三次	第四次	第五次
7	7	8	6	7
6	7	8	7	6
7	7	7	8	8
8	8	6	8	6
6	7	8	7	7
6	8	7	8	7

經「大衍筮法」，得知小強更換職場跑道後，未來在新職場上之發展前途，蓬勃升遷之「信賴區間」為：〔6.8284，7.3716〕，此一信賴區間完全落在 7.75 之下，因此可以推斷，小強未來在新職場上可以升遷之機會是〝非常低〞（完全沒有高於 7.75 之機率）。

以上為小強本月份對下個月更換職場跑道的推斷。若有需要更進一步的分析，小強可在下個月，對於更換職場跑道可能產生的迷惑，再次進行《大衍筮法》的推斷。

例四、小強的新春展望

年前，以《大衍筮法》卜測，認為小強的職場換跑道，前途並不看好，小強暫時不再考慮換跑道的問題，然而，小強仍然很關心本身的職業前途，還想請教《大衍筮法》，未來的職場應該何去何從？應該注意哪些問題？

小強親手以《大衍筮法》卜出之六個爻為：9、7、7、6、8、7

其卦為：

○ ——— — —

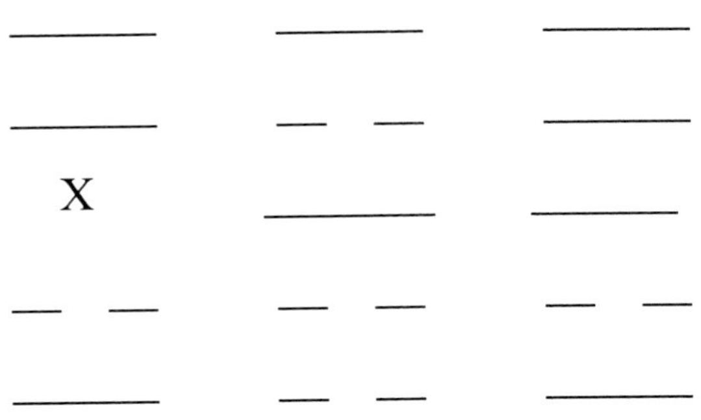

本卦	互卦	變卦
———	———	———
———	— —	———
X	———	———
— —	— —	— —
———	— —	———

此卦為「天雷无妄」，變卦為「澤火革」，互卦為「風山漸」。

本卦「天雷无妄」卦之卦辭為：「无妄，元亨利貞，其匪正有眚，不利有攸往。」

變卦「澤火革」卦之卦辭為：「革，己日乃孚。元亨，利貞，悔亡。」

互卦「風山漸」卦之卦辭為：「漸，女歸吉，利貞。」

本卦之「天雷无妄」卦辭是說：凡事要以宏觀，利己利人的角度行事，如果做事有〝不正道〞之行為，則不利於往後之長遠發展。

變卦之「澤火革」卦辭是說：如果對於工作上有所不滿而有建議，不必心急於立刻見到成果，因為創新的工作總是要經過一段漫長時間的磨合，才會使大眾信服，期間的行事，也要注意到凡事要以宏觀，要以利己利人的角度行事，日後才不至於發生令人後悔的憾事。

互卦是指過程間的發展過程，其卦辭是說：凡事要循序漸進，不要急躁妄動，要合乎規範，行事要堅貞光明正大。

小強內心的迷惑，雖已經過算師的解說，但是，相信小強一時間並不容易能完全領會其中之奧妙，對於卦辭之文字，還需要不斷地思考揣摩，甚至於還需要再向算師請教、討論更深入的內涵。

本例之說明，在改善當有「多爻變」，解卦時各家說法不同、莫衷一是，因而造成大衍筮法為人詬病之說法，如以本例而言，不論有幾個變爻，都以變卦視之，而且再加上中間的互卦，所產生的資訊更多。或許有人質疑，此種斷卦並非《大衍筮法》的本意，然而，當我們已經知道問題發生了，還不知變通，恐怕更不是原筮法的本意。

本例題在強調，當卜筮者已經能夠掌握本身的「淨心」的修養，也可以用傳統的卜卦方法，但是，本例所使用的變爻，不以「兩爻變」而定卦，而取「本卦」、「互卦」與「變卦」論斷。此法與《梅花易數》斷卦方法近似。

第二篇、《周易》叁伍筮法

壹、前言

《易》學大師盧泰先生的大作「理數不二學周易」，書中提出了以《周易》筮法為核心，亦即以《易傳》中的“叁伍以變，錯綜其數”，成功地還原了《周易》筮法，此即本篇所要介紹的「《周易》叁伍筮法」。

盧泰認為：《周易》叁伍筮法是幾千年來《周易》研究的重大成果。筆者同意。因為，自古以來所傳《周易》的筮法是《大衍筮法》。《大衍筮法》一直是《周易》的正統筮法，這種筮法雖然具有許多優良的筮法功能，但卻仍然有些不足之處：譬如，《大衍筮法》全憑卜筮者「人天感應」的揲蓍，但是，眾所周知「人天感應」豈是一蹴即可成功的？尤其是，愈往後代，人們與「天」溝通的靈性愈趨薄弱，難怪乎許多《易》學專家都認為《大衍筮法》的準確性不高。

《叁伍筮法》包含了三種方法，其中，除了可以卜筮者所在方位之卦為「本卦」，所問事情方向之卦為「變卦」，根據這三種方法的「本卦」、「變卦」，再深入考量（回饋之檢視），是否合於常理？符合者即可保留；若是三種方法之回饋，都與事實情況相去甚遠，這也可以認定是「抽樣偏差」所致。

應用《叁伍筮法》的「時方法」、「方時法」及「時空法」等三種方法之外，還可以從各自的「叁伍圖」中的八卦，找到所欲卜測之問題。譬如，欲問事業即可由「乾」卦切入；欲問母親之健康，可從「坤」卦切入、、、。此種方法，本研究暫時命名為「事卦法」。綜合以上，共有四種立卦方法，每一種方法又各有八個卦，四種方法即有 32 種卦象。如此眾多的顯象，可以提供更多的回饋資訊。

基於上述，本研究可以確定《叁伍筮法》，在某些情況之下，較《大衍筮法》的功用高一些（筆者並非排斥《大衍筮法》，相反地，在另外的一些情況下，《大衍筮法》也具有獨特的功能。詳情見本書之第一篇。）

為了使讀者更簡易地應用《叁伍筮法》，本書特地設計了幾個簡單的數學公式，譬如欲求「值時卦」、「旬頭」，不必再查原著所需使用的一些複雜的表格，僅用本書所提供的數學公式，即可有效地達到所欲查詢的效果。

貳、《叁伍筮法》之背景來源

一、背景依據

《易傳》記述：「昔者聖人之作易也，幽贊於神明而生蓍，叁天兩地而倚數，觀變於陰陽而立卦。叁伍以變。剛柔相易，分陰分陽。廣大配天地。蓍之以德圓而神。顯道神德行。神以知來。變動不居，周流六虛。通其變，遂成天下之文。錯綜其數。八卦相錯，迭用柔剛。變通配四時。卦之德方以知。知以藏往。上下無常。不可為典要，唯變所適。極其數，遂定天下之象。極數知來之謂占。動則觀其變而玩其占。通乎晝夜之道而知。趣時者也。占事知來。天下之能事畢矣。非天下之至變其孰能與于此。」

今人對於上述古文的一段文字，一時不太容易理解，今以逐句說明該文之涵義：

1. 「昔者聖人之作易也」是說：古聖人為何作《易》之用意。
2. 「幽贊於神明而生蓍」是說：將隱藏、幽暗不明之事物，在「時間的訊息中」得以明白顯示出來，因而創造了「以蓍立卦之方法」。
3. 「叁天兩地而倚數」是說：一、三、五這三個陽數，稱之為叁天；二、四這兩個陰數，稱之為兩地。聖人作《易》是倚靠叁天和兩地而成。
4. 「觀變於陰陽而立卦」是說：聖人通過觀察陰、陽之變化，而設立了卦象。
5. 「叁伍以變」是說：以叁伍圖的形式，將各卦安排於適當的方位。如下圖2-1：

東南 四（巽）	南 九（離）	西南 二（坤）
東 叁（震）	中 伍	西 七（兌）
東北 八（艮）	北 一（坎）	西北 六（乾）

圖 2-1　叁伍圖

「叁伍以變」有三種含意。

(1) 叁伍圖之各行、各列、各斜線之數字總和，皆為「叁伍」，亦即皆為三個五，即 15。

(2) 當變卦至叁伍圖之「中伍」，若是陽局，則移中伍宮至艮宮，此法稱之為「連山法」。

(3) 若是陰局，則移中伍宮至坤宮，此法稱之為「歸藏法」。

6. 「剛柔相易」是說：叁伍圖中，乾、坎、艮、震四卦屬陽卦，為父子；巽、離、坤、兌四卦屬陰卦，為母女。男與女將叁伍圖，區分為剛性區和柔性區。

7. 「分陰分陽」是說：叁伍圖中，乾、坎、艮、震四卦屬陽卦；巽、離、坤、兌四卦屬陰卦，陽卦與陰卦將叁伍圖，區分為陽卦區和陰卦區。

8. 「廣大配天地」是說：叁伍圖中，每一宮皆配置了三個節氣，一共有 24 個節氣。因此可說「廣大配天地，變通配四時。」表示範圍廣泛，涵蓋整個「地」與「時」。

9. 「蓍之以德圓而神」是說：通過「蓍筮」可以掌握「得（徳）」到全年（圓）之二十四個節氣（神）。

10. 「顯道神德行」是說：可以顯示出太陽、月亮與地球三星球之運行軌道，以及得（德）到全年二十四節氣之變化行為。

11. 「神以知來」是說：掌握了時間變化（神），就可以預測未來的狀態。

12. 「變動不居」是說：時間和運行之軌道，係根據既定的規則，不會居留不變，直隨機變動著。

13. 「周流六虛」是說：六虛是指六旬，亦即，六十甲子。時間在六十甲子，周而復始的運轉。

14. 「通其變，遂成天下之文」是說：通過了如叁伍圖中的叁伍變化，因此即可成就了天下之間，萬事、萬物之文彩。

15. 「錯綜其數」是說：叁伍圖中，對於叁伍各卦之「數」的平移或下移。

16. 「八卦相錯」是說：叁伍圖中，叁伍各「卦」之平移、相互錯位。

17. 「迭用柔剛」是說：陰陽八卦的剛、柔特性，相互「更替」而成經卦。

18. 「卦之德方以知」是說：由於各卦都有方向性，知道了各卦，就可以得（德）到了方向。

19. 「知以藏往」是說：能夠知道藏在過往的事物。

20. 「上下無常」是說：上卦、下卦隨時在變動著。

21. 「不可為典要」是說：典要是指經典、固定不變之意。時空的變動不可能固定不變。

22. 「唯變所適」是說：唯有遵循變化，才是應有的適應。

23. 「極其數」：極是指用盡。意即，用盡叁伍圖內所有的數。

24. 「遂定天下之象」是說：因此可以弄成了天下萬事、萬物之卦象。

25. 「極數知來之謂占」是說：把叁伍圖中的各卦、各數用盡，可以用以預測、知道未來，這就是「占」。

26. 「動則觀其變而玩其占」是說：玩是指玩弄、思索。當有所行動時，觀察各卦之變化，思考卦中之涵義。

27. 「通乎晝夜之道而知」是說：通過晝、夜（陰、陽）的運行軌道，可以知曉萬事、萬物的道理。

28. 「趣時者也」：趣是指取捨。意即，取捨所需用之時辰。

29. 「占事知來」是說：用占卦可以預知未來之事。

30. 「天下之能事畢矣」是說：天下間所有能辦理的事物，都可以辦理完成。

31. 「非天下之至變其孰能與于此」是說：若不是天下間至高至大的變化，何以能夠做到如此地步？（盧泰，2012）

二、《周易》之叄天兩地

相傳「古者包犧氏之王天下也，仰則觀象於天，俯則觀法於地，觀鳥獸之文與地之宜，進取諸身，遠取諸物，於是始作八卦，以通神明之德，以類萬物之情。」自此，中華遠古文化，從野蠻而趨向於文明，從游牧而進於農商，都是根據八卦的列象所產生的「天人合一」之理念所成。聖人伏義氏畫八卦之後，到了周朝，周文王將八卦相重，成為六十四卦、三百八十四爻，為了解釋內容涵意，文王寫卦辭、周公寫爻辭而成《周易》。

從《周易》的來源說起，很清楚地知道《周易》就是在講天、人與地之間的關係。這個關係的背後依據，就是大自然中的地球、月亮和太陽之間的關係，這三者之間的相互運動，就會產生與人類的「吉」、「凶」、「禍」、「福」密切關係。因此，《周易》這部書就是告訴人們，如何「趨吉避凶」、「合天地順人心」、「求生存謀發展」的智慧寶庫。

由於《周易》是從周朝而集大成，因此也有學者認為這是周朝之「周易」，以與另外兩種「歸藏易」和「連山易」作出區別。而本書則認同盧泰（2012）之說法，認為所謂的「周」，是指「周而復始」、「周期循環」的「周」。以時間來說，一年四季的春、夏、秋、冬；一日之計的日出、日落，皆都遵循著不變的「周而復始」；以方位之變化來說，根據不同的季節時日，地球環繞太陽的軌道、月球環繞的軌道，也都是「周而復始」地產生了不同的四時節氣。因此，《周易》是指人們在天地之間「周而復始」的「趨吉避凶」法則的經典。

《說卦傳》：「廣大配天地。」這裡所說的廣大，指的就是「叄伍圖」；配天地就是將天干、地支配置於「叄伍圖」中。見圖 2-2：

四巽（辰巳） 東南	九離（午） 南	二坤（未申） 西南
三震（卯） 東	伍 中	七兌（酉） 西
八艮（丑寅） 東北	一坎（子） 北	六乾（戌亥） 西北

圖 2-2　配合天干、地支之「叁伍圖」

《說卦傳》:「變通配四時。」此意是說將一年的二十四個節氣，安排於「叁伍圖」中，成為陰、陽區分的七十二局。按坎→艮→震→巽→離→坤→兌→乾各卦之順序，每一卦內涵三個節氣，每一節氣又再分為三個局，其內涵如下：

坎：冬至一七四，小寒二八五，大寒三九六。

艮：立春八五二，雨水九六三，驚蟄一七四。

震：春分三九六，清明四一七，穀雨五二八。

巽：立夏四一七，小滿五二八，芒種六三九。

離：夏至九三六，小暑八二五，大暑七一四。

坤：立秋二五八，處暑一四七，白露九三六。

兌：秋分七一四，寒露六九三，霜降五八二。

乾：立冬六九三，小雪五八二，大雪四七一。

各卦所下含之節氣，以及各節氣所下含之局，詳情整理如圖 2-3 所示：

圖 2-3　二十四節氣、七十二局圖

圖 2-3 中，乾、坎、艮、震為陽卦，坎、艮、震、巽屬陽局；巽、離、坤、兌為陰卦，離、坤、兌、乾屬陰局。因此，可看出陽卦的乾屬陰局；陰卦之巽屬陽局，因而形成了「陽中有陰，陰中有陽」之畫面。此一現象，可從圖 2-3 中央之黑白圖形，即顯示出「陽中有陰，陰中有陽」之意義。

《叁伍筮法》之「地盤」，即圖 2-1 的「叁伍圖」永遠固定不變；但是，《叁伍筮法》之「天盤」卻須另行立卦排盤：《叁伍筮法》將「天盤」、「地盤」合併：可分為 1、時方圖；2、方時圖：3、時空圖等三種：

1. 時方圖：就是以「時」為上卦，「方」為下卦，展成八方得卦。亦即，以「值時卦」為上卦對準「地盤」之八方為下卦，兩兩組成八個六爻卦。
2. 方時圖：是以「八方」為上卦，「值時卦」為下卦，兩兩組成八個六爻卦。
3. 時空圖：是以「天盤值時卦」之落宮為基準，「旬頭卦」為上卦，「落宮」為下卦，並按坎、艮、震、巽、離、坤、兌、乾之順序，順時針展成八卦八方位。無論陽局或陰局，此順序不變。

三、「叁伍筮法」的佈局

（一）趣時

「趣時」就是找出時間的「干支」。「趣時」分為「定年」、「定月」、「定日」及「定時」，前三者可以查閱萬年曆即可得知，但是，查萬年曆之前需要仔細一些。首先要將「國曆」改為「農曆」；其次需要注意每年的「立春」日期並不固定，「立春」之前應算是前一年，「立春」之後才算是今年；要注意各時期的「節氣」，卜筮的日期所涵蓋在哪一個「節氣」，是決定「陰、陽」局及「上、中、下」三元的依據。

（二）定年、定月、定日

例 2.1：B 君於 2016 年 10 月 28 日 18 時 30 分，卜筮本身之未來命運情形。

1. 定年
2. 定月
3. 定日

以上三者，皆可由萬年曆察知。以 2016 年農曆十月二十八日計，查萬年曆為“丙申”年、“己亥”月、〝癸丑〞日。

自以下之「定時」以及查詢「值時卦」、「旬頭」皆須使用到六十甲子的排序編號，茲將六十甲子之編號列於表 2-1 所示：

表 2-1　六十甲子干支之編號

甲子 01	乙丑 02	丙寅 03	丁卯 04	戊辰 05	己巳 06	庚午 07	辛未 08	壬申 09	癸酉 10
甲戌 11	乙亥 12	丙子 13	丁丑 14	戊寅 15	己卯 16	庚辰 17	辛巳 18	壬午 19	癸未 20
甲申 21	乙酉 22	丙戌 23	丁亥 24	戊子 25	己丑 26	庚寅 27	辛卯 28	壬辰 29	癸巳 30
甲午 31	乙未 32	丙申 33	丁酉 34	戊戌 35	己亥 36	庚子 37	辛丑 38	壬寅 39	癸卯 40
甲辰 41	乙巳 42	丙午 43	丁未 44	戊申 45	己酉 46	庚戌 47	辛亥 48	壬子 49	癸丑 50
甲寅 51	乙卯 52	丙辰 53	丁巳 54	戊午 55	己未 56	庚申 57	辛酉 58	壬戌 59	癸亥 60

表 2-1 之應用，可由例 2.1 所卜筮之年為例，該年為 2016 年，此年之干支，除了可查詢萬年曆，亦可由下式求得：

$$\hat{y} = 2016 - 1983 = 33 \qquad (2\text{-}1)$$

（2-1）式中之 1983 為一固定之數，所得之數 33，即為 2016 年在六十甲子之編號，查表 2-1 可知，此年之干支為〝丙申〞。若是 x – 1983 > 60，則再減去一次 60 即可。

（三）定時

決定卜筮時間之干支，需要用到以下表 2-2 之「五鼠遁元法」：

表 2-2　五鼠遁元法

甲己還加甲，乙庚丙作初
丙辛尋戊起，丁壬庚子居
戊癸何方法，壬子是真途

表 2-2 是決定卜筮時間之干支，其中「五鼠遁元法」之應用，由下述逐句說明之：

1. 若遇表 2-2 之〝甲己還加甲〞是說，甲己日之干支〝甲〞對應地支之〝子〞、〝乙〞對應地支之〝丑〞、、、〝癸〞對應地支之〝酉〞。天干符號用盡，再重複由〝甲〞對應地支之〝戌〞、〝乙〞對應地支之〝亥〞。此時要看卜卦之時刻，若時刻為 19 時 30 分為戌時，則時刻之干支為「甲戌」。其他情形亦如表 2-3 所示：

表 2-3　甲己還加甲之天干地支對應表

甲	乙	丙	丁	戊	己	庚	辛	壬	癸	甲	乙
子	丑	寅	卯	辰	巳	午	未	申	酉	戌	亥

2. 表 2-2 之〝乙庚丙作初〞是說，乙庚日之干支〝丙〞對應地支之〝子〞，若時間為 11 時 20 分，屬午時，故〝壬〞對應〝午〞，亦即，為〝壬午〞時（見表 2-4）。

表 2-4　乙庚丙作初之天干地支對應表

丙	丁	戊	己	庚	辛	壬	癸	甲	乙	丙	丁
子	丑	寅	卯	辰	巳	午	未	申	酉	戌	亥

3. 若遇表 2-2〝丙辛尋戊起〞是說，丙辛日之干支〝戊〞對應地支之〝子〞，即如表 2-5 所示：

表 2-5　丙辛尋戊起之天干地支對應表

戊	己	庚	辛	壬	癸	甲	乙	丙	丁	戊	己
子	丑	寅	卯	辰	巳	午	未	申	酉	戌	亥

4. 若遇表 2-2 之〝丁壬庚子居〞是說，丁壬日之干支〝丁〞對應地支之〝庚〞，即如表 2-6 所示：

表 2-6　丁壬庚子居之天干地支對應表

庚	辛	壬	癸	甲	乙	丙	丁	戊	己	庚	辛
子	丑	寅	卯	辰	巳	午	未	申	酉	戌	亥

5. 若遇表 2-2 之〝戊癸何方法，壬子是真途〞是說，戊癸日之干支〝壬〞對應地支之〝子〞，即如表 2-7 所示：

表 2-7　戊癸何方法，壬子是真途之天干地支對應表

壬	癸	甲	乙	丙	丁	戊	己	庚	辛	壬	癸
子	丑	寅	卯	辰	巳	午	未	申	酉	戌	亥

例 2.1 中，日之干支為為「癸丑」，故由表 2-7「〝戊癸何方法，壬子是真途〞」，即逢日干為戊或癸，則子時從壬上起。由於時間為 18 時 30 分，屬酉時，故〝辛〞對應〝酉〞，亦即，時干為〝辛酉〞時（見表 2-7）。

將上述表 2-2 至表 2-7，彙整如表 2-8 之「日上起時表」：

表 2-8　日上起時表

時＼日	甲己	乙庚	丙辛	丁壬	戊癸
子	甲子	丙子	戊子	庚子	壬子
丑	乙丑	丁丑	己丑	辛丑	癸丑
寅	丙寅	戊寅	庚寅	壬寅	甲寅
卯	丁卯	己卯	辛卯	癸卯	乙卯
辰	戊辰	庚辰	壬辰	甲辰	丙辰
巳	己巳	辛巳	癸巳	乙巳	丁巳

午	庚午	壬午	甲午	丙午	戊午
未	辛未	癸未	乙未	丁未	己未
申	壬申	甲申	丙申	戊申	庚申
酉	癸酉	乙酉	丁酉	己酉	辛酉
戌	甲戌	丙戌	戊戌	庚戌	壬戌
亥	乙亥	丁亥	己亥	辛亥	癸亥

（四）定局

1. 節氣：查萬年曆得知農曆十月二十八日之節氣為「立冬」之內。

2. 陰陽局：在《叁伍筮法》中，叁伍圖中的九宮，要先區分為陽局或陰局。由冬至（坎宮）至芒種（巽宮）為陽局區；由夏至（離宮）至大雪（乾宮）為陰局區。由圖 2-3 可知，「立冬」所屬為「陰局」。

3. 三元：「立冬」之三元為「六、九、三」。

4. 所用之元：

(1) 六十甲子中，按編號每五個編號組成「一元」，亦即，六十甲子之編號為1、2、3、4、5 者即屬「上元」；6、7、8、9、10 者即屬「中元」；11、12、13、14、15 者即屬「下元」；、、、、。

由表 2-1 得知〝癸丑〞（日之編號）之編號為 50，50 / 5 = 10。以相除之整數“10”為計。再按整除之數所屬之「上、中、下」排列上 中 下 上 中 下 上 中……，之編號排序為 1（上）、2（中）、3（下）、4（上）、5（中）、6（下）、7（上）、8（中）……

因為整除數〝10〞且無餘數，即知該日應屬第“10”組，即屬〝上元〞。

(2) 由圖 2-3，從三元之「六、九、三」，可知 上元為〝六〞，即知十月二十八日屬陰六局。

5. 定值時卦

判定值時卦，可分為「陽局」及「陰局」兩類。其判定之公式如下：

(1) 九個陽局

將九個陽局給予編號，設為一至九個陽局。傳統之《叁伍筮法》是由查表得知，本書則提供以下公式，由公式（2-2）即可得知哪一陽局，哪一時辰下，其「值時卦」是哪一卦。

陽 k 局之「值時卦」判定公式：$(n+k-1)/9=y\ldots\ldots r,\ r=1,\ldots,9$　（2-2）

式中之 n 表示該卜筮「時」之編號，k 表示陽 k 局之數，y 為整除之商數，r 為餘數。按 r 之值即為「值時卦」。其中，r=1，表坎卦；r=2 表坤卦；r=3 表震卦；r=4 表巽卦；r=5 表中伍，此時應移至艮宮（連山法），以艮卦為「值時卦」；r=6 表乾卦；r=7 表兌卦；r=8 表艮卦；r=9 表離卦。

例 2-1：陽一局，戊辰時

k=1，由表 2-1 可知戊辰時之編號 n=5，

$(n+k-1)/9=(5+1-1)/9=0\ldots5$。即，r = 5，可知「值時卦」為「中伍宮」，陽局中，中伍入艮宮，以艮卦為「值時卦」。

例 2-2：陽二局，戊寅時

k=2，由表 2-1 可知戊寅時之編號 n=15，

$(n+k-1)/9=(15+2-1)/9=1\ldots7$。即，r = 7，可知「值時卦」為「兌卦」。

例 2-3：陽三局，丙午時

k=3，由表 2-1 可知丙午時之編號 n=43，

$(n+k-1)/9=(43+3-1)/9=4\ldots9$。即，r = 9，可知「值時卦」為「離卦」。

例 2-4：陽四局，乙未時

k=4，由表 2-1 可知乙未時之編號 n=32，

$(n+k-1)/9=(32+4-1)/9=3\ldots8$。即，r = 8，可知「值時卦」

為「艮卦」。

例 2-5：陽五局，乙巳時

k=5，由表 2-1 可知乙巳時之編號 n=42，

（n+k-1）/9 =（42+5-1）/9 = 5 … 1。即，r =1，可知「值時卦」為「坎卦」。

例 2-6：陽六局，己未時

k=6，由表 2-1 可知乙巳時之編號 n=56，

（n+k-1）/9 =（56+6-1）/9 = 6 … 7。即，r =7，可知「值時卦」為「兌卦」。

例 2-7：陽七局，辛巳時

k=7，由表 2-1 可知辛巳時之編號 n=18，

（n+k-1）/9 =（18+7-1）/9 = 2 … 6。即，r =6，可知「值時卦」為「乾卦」。

例 2-8：陽八局，辛卯時

k=8，由表 2-1 可知辛巳時之編號 n=28，

（n+k-1）/9 =（28+8-1）/9 = 3 … 8。即，r =8，可知「值時卦」為「艮卦」。

例 2-9：陽九局，庚戌時

k=9，由表 2-1 可知庚戌時之編號 n=47，

（n+k-1）/9 =（47+9-1）/9 = 6 … 1。即，r =1 ，可知「值時卦」為「坎卦」。

(2) 九個陰局

由於陰局之六旬周流與陽局不同，因而所使用之公式也不相同。

陰 k 局之「值時卦」判定公式：

$$(n-k+9)\ /\ 9 = y1 \ldots\ldots r1 \quad , r1=1,\ldots,9 \qquad (2\text{-}3)$$

再將餘數 r1，以下式處裡：

「值時卦」=r2 = 10 – r1。

式中之 n 表示該卜筮「時辰」在六十甲子表中之編號，k 表示陰 k 局之數，y1 為整除之商數，r1 為餘數。則，「值時卦」=r2 = 10 – r1。其中，r2=1，表坎卦，r2=2 表坤卦；r2=3 表震卦；r2=4 表巽卦；r2=5 表中五，此時應移至坤宮（歸藏法），以坤卦為「值時卦」；r2=6 表乾卦；r2=7 表兌卦；r2=8 表艮卦；r2=9 表離卦。

例 2-10：陰九局，己巳時

k=9，由表 2-1 可知己巳時之編號 n=6，

（n-k+9） / 9 = （6-9+9） / 9 =0 ….6。即，r1=6。

「值時卦」=r2 = 10 – r1 =10- 6 =4。即，r2=4，可知「值時卦」為「巽卦」。

例 2-11：陰八局，己卯時

k=8，由表 2-1 可知己卯時之編號 n=16，

（n-k+9） / 9 = （16-8+9） / 9 =1 ….8。即，r1=8。

「值時卦」=r2 = 10 –8 =2。即，r2=2，可知「值時卦」為「坤卦」。

例 2-12：陰七局，戊戌時

k=7，由表 2-1 可知戊戌時之編號 n=35，

（n-k+9）／9＝（35-7+9）／9 =4 ….1。即，r1=1。

「值時卦」=r2 =10 – 1 =9。即，r2=9，可知「值時卦」為「離卦」。

例 2-13：陰六局，乙巳時

k=6，由表 2-1 可知乙巳時之編號 n=42，

（n-k+9）／9＝（42-6+9）／9 =4 ….9。即，r1=9。

「值時卦」=r2 = 10 – 9 =1。即，r2=1，可知「值時卦」為「坎卦」。

例 2-14：陰五局，甲寅時

k=5，由表 2-1 可知甲寅時之編號 n=51，

（n-k+9）／9＝（51-5+9）／9 =6 ….1。即，r1=1。

「值時卦」=r2 = 10 – 1 =9。即，r2=9，可知「值時卦」為「離卦」。

例 2-15：陰四局，辛巳時

k=4，由表 2-1 可知辛巳時之編號 n=18，

（n-k+9）／9＝（18-4+9 ）/ 9 =2 ….5。即，r1=5。

「值時卦」=r2 = 10 –5= 5。即，r2=5，可知「值時卦」為「中伍宮」。陰局，以「歸藏法」將中伍移至坤宮，故以「坤卦」為「值時卦」。

例 2-16：陰三局，庚戌時

k=3，由表 2-1 可知庚戌時之編號 n=47，

（n-k+9）／9＝（47-3+9）／9 =5 ….8。即，r1=8。

「值時卦」=r2 = 10 – 8 =2。即，r2=2，可知「值時卦」為「坤卦」。

例 2-17：陰二局，丁亥時

k=2，由表 2-1 可知丁亥時之編號 n=24，

（n-k+9）／9＝（24-2+9）／9＝3 ….4。即，r1=4。

「值時卦」=r2 = 10 – 4 =6。即，r2=6，可知「值時卦」為「乾卦」。

例 2-18：陰一局，辛未時

k=1，由表 2-1 可知辛未時之編號 n=8，

（n-k+9）／9＝（8-1+9）／9＝1 ….7。即，r1=7。

「值時卦」=r2 = 10 – 7 =3。即，r2=3，可知「值時卦」為「震卦」。

6. 定旬頭（以時辰定旬頭）

以「時辰」六十甲子之編號代入下述數學公式，即可求得各時辰之「旬頭」。由於陽局與陰局之變化規則不同，以下將陽局與陰局之「旬頭」判定公式分別處裡：

(1) 陽局定「旬頭」之公式為：

n= 10 p +r，n=1,…,60 ；p=0,1,…,5 ；r=1,…,10 （2-4）

式中之 n 表示「時辰」之編號，p 表示 n 除以 10 之整數，r 為餘數（若是整除，則餘數為 10），k 為陽局之數。則，此時辰之「旬頭」數 = k +p。

例 2-19：陽一局中（k=1）之時辰〝乙酉〞，其時辰編號為 n=22，

由 n= 10 p +r，則 22=10 *2 +2，

「旬頭」數=k+p = 1+2 =3 ，可知〝乙酉〞時「旬頭」為〝震〞。

例 2-20：陽二局中（k=2）之時辰〝丁丑〞，其時辰編號為 n=14，

由 n= 10 p +r ，則 14=10 * 1 +4，

「旬頭」數=k+p ＝2+1 =3 ，可知〝丁丑〞時「旬頭」為〝震〞。

例 2-21：陽三局中（k=3）之時辰〝辛亥〞，其時辰編號為 n=48，

由 n= 10 p +r ，則 48=10 * 4 +8，

「旬頭」數=k+p = 3+4 =7，可知〝辛亥〞時「旬頭」為〝兌〞。

例 2-22：陽四局中（k=4）之時辰〝癸巳〞，其時辰編號為 n=30，

由 n= 10 p +r，則 30 =10 * 2 +10，

「旬頭」數=k+p = 4+2 =6 ，可知〝癸巳〞時「旬頭」為〝坤卦〞。

例 2-23：陽五局中（k=5）之時辰〝庚寅〞，其時辰編號為 n=27，

由 n= 10 p +r，則 27 =10 *2 +7，

「旬頭」數=k+p = 5+2 = 7，可知〝庚寅〞時「旬頭」為〝兌卦〞。

例 2-24：陽六局中（k=6）之時辰〝戊午〞，其時辰編號為 n=55，

由 n= 10pr +r，則 55 =10 *5 +5，

「旬頭」數=k+p = 6+5 =11。由於 11 已超出 9，故 11-9=2，可知〝戊午〞時「旬頭」為〝坤卦〞。

例 2-25：陽七局中（k=7）之時辰〝甲午〞，其時辰編號為 n=31，

由 n= 10p +r，則 31 =10 *3 +1，

「旬頭」數=k+p = 7+3 = 10（10-9=1），可知〝甲午〞時「旬頭」為〝坎卦〞。

例 2-26：陽八局中（k=8）之時辰〝癸亥〞，其時辰編號為 n=60，

由 n= 10 p +r，則 60 =10 *5 +10，

「旬頭」數=k+p = 8+5 = 13（13-9=4），可知〝庚寅〞時「旬頭」為〝巽卦〞。

例 2-27：陽九局中（k=9）之時辰〝甲子〞，其時辰編號為 n=1，

由 $n=10pr+r$，則 $1=10*0+1$，

「旬頭」數=k+p = 9+0 =9，可知〝甲子〞時「旬頭」為〝離卦〞。

(2) 陰局定「旬頭」之公式為：

$$n=10p+r，n=1,\ldots,60；p=0,1,\ldots,5；r=1,\ldots,9,10 \quad (2\text{-}5)$$

式中之 n 表示「時辰」之編號，p 表示 n 除以 10 之整數，r 為餘數，r 值表示該時辰在該旬頭下的第 r 個位置，由於每一旬頭皆含 10 個時辰，故 r 值應以 1,…,9,10 為計，若遇 10、20、30、40、、，則 10=10*0+10；20=10*1+10、、、。而，此時辰之「旬頭」=-（q+p）。q 為陰局之局號，由於是陰局，故該局號要加上“負號”。

例 2-28：陰九局中（q= -9）之時辰〝乙酉〞，其時辰編號為 n=22，22=10 * 2 +2，

「旬頭」=-（-q+p）=-（- 9+2）= 7，可知〝乙酉〞時「旬頭卦」為〝兌〞。

例 2-29：陰八局中（q= -8）之時辰〝己丑〞，其時辰編號為 n=26，26=10 *2 +6，

「旬頭」=-（ q+p）=-（- 8+2）=6，可知〝己丑〞時「旬頭卦」為〝乾〞。

例 2-30：陰七局中（q= -7）之時辰〝癸丑〞，其時辰編號為 n=50，50=10 *4 +10，

「旬頭」=-（q+p）=-（-7+4）=3，可知〝癸丑〞時「旬頭卦」為〝震〞。

例 2-31：陰六局中（q= -6）之時辰〝壬申〞，其時辰編號為 n=7，7=10 *0 +7，

「旬頭」=-（q+p）=-（- 6+0）=6，可知〝己丑〞時「旬頭卦」為〝乾〞。

例 2-32：陰五局中（q= -5）之時辰〝癸未〞，其時辰編號為 n=20，20=10 *1 +10，

「旬頭」=-（q+p）=-（-5+1）=4，可知〝癸未〞時「旬頭卦」為〝巽〞。

例 2-33：陰四局中（q=-4）之時辰〝丙戌〞，其時辰編號為 n=23，23=10 *2 +3，

「旬頭」=-（q+p）=-（-4+2）=2，可知〝丙戌〞時「旬頭卦」為〝坤〞。

例 2-34：陰三局中（q=-3）之時辰〝辛亥〞，其時辰編號為 n=48，48=10 *4 +8，

「旬頭」=-（q+p）=-（-3+4）=-1（-1 +9=8），可知〝辛亥〞時「旬頭卦」為〝艮〞。

例 2-35：陰二局中（q=-2）之時辰〝甲寅〞，其時辰編號為 n=51，51=10 *5 +1，

「旬頭」=-（q+p）=-（-2+5）=-3（-3+9=6），可知〝甲寅〞時「旬頭卦」為〝乾〞。

例 2-36：陰二局中（q=-2）之時辰〝甲寅〞，其時辰編號為 n=51，51=10 *5 +1，

「旬頭」=-（q+p）=-（-2+5）=-3（-3+9=6），可知〝甲寅〞時「旬頭卦」為〝乾〞。

例 2-37：陰一局中（q=-1）之時辰〝癸卯〞，其時辰編號為 n=40，40=10 *3 +10，

「旬頭」=-（q+p）=-（-1+3）=-2，(-2+9=7)，可知〝癸卯〞時「旬頭卦」為〝兌〞。

（五）排宮佈局之三種方法

1. 時方法：以時為上卦、方為下卦，展成八方得卦

例如：陽二局，戊寅日，值時卦為兌卦

上卦為"兌"為"澤"，亦即上卦皆為"澤"；則，"叁伍圖"各卦為下卦，兩兩重疊，即形成如圖 2-4 之戊寅日時方圖：

澤風大過		澤火革		澤地萃
澤雷隨		中伍		兌為澤
澤山咸		澤水困		澤天夬

圖 2-4　戊寅日時方圖

2. 方時法：以方為上卦、時為下卦，展成八方得卦

方時圖，則是將時方圖的各卦，裡、外卦顛倒，即形成如下圖 2-5 之戊寅日方時圖：

風澤中孚		火澤睽		地澤臨
雷澤歸妹		中伍		兌為澤
山澤損		水澤節		天澤履

圖 2-5　戊寅日方時圖

3. 時空法：

以天盤「值時卦」落宮為基準（即以「旬頭」卦對準「值時卦」)，「旬頭」卦為上卦、落宮為下卦。按坎、艮、震、巽、離、坤、兌、乾，順展八卦方位，陽局陰局順序不變。

例如：「旬頭」為"坎"，「值時卦」為"艮"，則上卦"坎"對準下卦"艮"，再依序，上卦"艮"對準下卦"震"；上卦"震"對準下卦"巽"；上卦"巽"對準下卦"離"；上卦"離"對準下卦"坤"；上卦"坤"對準下卦"兌"；上卦"兌"對準下卦"乾"；上卦"乾"對準下卦"坎"。

例如：「旬頭」"坎"、「值時卦」"艮"之時空圖，如圖 2-6 所示：

雷風恆		風火家人		火地晉
山雷頤		中伍		地澤臨
水山蹇		天水訟		澤天夬

圖 2-6　「旬頭」“坎”、「值時卦」“艮”之時空圖

（六）《叁伍筮法》之應用

由以上三種方法得出之排盤，可根據不同之卦宮，占筮以下各種所欲占筮之問題。《叁伍筮法》的應用可分為以下兩種：

1. 應用上述的「時方法」、「方時法」及「時空法」，以卜筮者所處方位之卦作為「本卦」，以所欲卜測事件所處方位之卦作為「變卦」。
2. 以所欲卜測之事項，決定以哪一宮之卦推斷。見表 2-8：

表 2-8　卜事與八宮

乾宮：占父親、占事業、占丈夫
坤宮：占母親、占考試、占陰宅、占妻子
離宮：占官訟、占讀書
艮宮：占陽宅
震宮：占出行、占男女
坎宮：占病災、占失物
巽宮：占財運、占桃花
兌宮：占桃花

四、第二篇公式彙整

1. 求西元 n 年之六十甲子編號

$$\hat{y} = 2016 - 1983 = 33 \qquad (2\text{-}1)$$

（2-1）式中之 1983 為一固定之數，所得之數 33，即為 2016 年在六十甲

子之編號，查表 2-1 可知，此年之干支為 〝丙申〞。若是 $x-1983>60$ ，則再減去一次 60 即可。

2. 陽 k 局之「值時卦」判定公式：

$$(n+k-1)/9=y.....r\quad ,r=1,...,9 \tag{2-2}$$

式中之 n 表示該卜筮日在六十甲子之編號，k 表示陽 k 局之數，y 為整除之商數，r 為餘數。按 r 之值即為「值時卦」。若其中，r=1，表坎卦；r=2 表坤卦；r=3 表震卦；r=4 表巽卦；r=5 表中伍，此時應移至艮宮（連山法）；r=6 表乾卦；r=7 表兌卦；r=8 表艮卦；r=9 表離卦。

3. 陰 k 局之「值時卦」判定公式：

$$(n-k+9)/9=y1.....r1\quad ,r1=1,...,9 \tag{2-3}$$

再將餘數 r1，以下式處裡：

「值時卦」=r2 = 10 – r1。

式中之 n 表示該卜筮時之編號，k 表示陰 k 局之數，y1、y2 為整除之商數，r1 為餘數。則，「值時卦」=r2 = 10 – r1。其中，r2=1，表坎卦，r2=2 表坤卦；r2=3 表震卦；r2=4 表巽卦；r2=5 表中伍，此時應移至坤宮（歸藏法）；r2=6 表乾卦；r2=7 表兌卦；r2=8 表艮卦；r2=9 表離卦。

4. 陽局定「旬頭」之公式為：

$$n=10p+r，n=1,...,60；p=0,1,...,5；r=1,...,10 \tag{2-4}$$

（2-4）式中，n 表示時辰在六十甲子之編號，p 表示 n 除以 10 之整數，r 為餘數（若是整除，則餘數為 10）。則，此時辰之「旬頭」數= k +p。

5. 陰局定「旬頭」之公式為：

$$n=10p+r，n=1,...,60；p=0,1,...,5；r=1,...,9,10 \tag{2-5}$$

式中之 n 表示時辰之編號， p 表示 n 除以 10 之整數，r 為餘數，r 值表示該時辰在該旬頭下的第 r 個位置，由於每一旬頭皆含 10 個時辰，故 r 值應以 1,...,9,10 為計，若遇 10、20、30、40、、，則 10=10*0+10；20=10*1+10、、、。而，此時辰之「旬頭」=-（q+p）。q 為陰局之局號，由於是陰局，故該局號要加上“負號”。

五、《易經》六十四卦

為便於查詢所卜卦之內涵，茲將各卦名及其在後天六十四卦之排序陳述如下：

表 2-9　《易經》六十四卦

上經三十卦					
乾為天（一卦）	坤為地（二卦）	水雷屯（三卦）	山水蒙（四卦）	水天需（五卦）	天水訟（六卦）
地水師（七卦）	水地比（八卦）	風天小畜（九卦）	天澤履（十卦）	地天泰（十一）	天地否（十二）
天火同人（十三）	火天大有（十四）	地山謙（十五）	雷地豫（十六）	澤雷隨（十七）	山風蠱（十八）
地澤臨（十九）	風地觀（二十）	火雷噬嗑（二一）	山火賁（二二）	山地剝（二三）	地雷復（二四）
天雷無妄（二五）	山天大畜（二六）	山雷頤（二七）	澤風大過（二八）	坎為水（二九）	離為火（三十）
下經三十四卦					
澤山咸（三一）	雷風恆（三二）	天山遯（三三）	雷天大壯（三四）	火地晉（三五）	地火明夷（三六）
風火家人（三七）	火澤睽（三八）	水山蹇（三九）	雷水解（四十）	山澤損（四一）	風雷益（四二）
澤天夬（四三）	天風姤（四四）	澤地萃（四五）	地風升（四六）	澤水困（四七）	水風井（四八）
澤火革（四九）	火風鼎（五十）	震為雷（五一）	艮為山（五二）	風山漸（五三）	雷澤歸妹（五四）
雷火豐（五五）	天澤履（五六）	巽為風（五七）	兌為澤（五八）	風水渙（五九）	水澤節（六十）
風澤中孚（六一）	雷山小過（六二）	水火既濟（六三）	火水未濟（六四）		

六、案例說明

案例一：

丁酉年，三月二十九日，下午 15：30。白先生欲卜測，從南方往西北方發展之前途及吉凶狀況。

（一）趣時：由萬年曆查知，年、月、日之干支各為：

1. 定年：丁酉
2. 定月：甲辰
3. 定日：壬午

（二）定時

下午 15：30 為申時，由表 2-6，查知「壬午」日為「戊申」時。

（三）定局

1. 節氣

「壬午」日之節氣屬「穀雨」。

2. 陰陽局

由圖 2-3 知，節氣屬「穀雨」者，屬「震宮」,「震」屬陽局。

3. 三元

「震宮」之三元為「五、二、八」。

4. 所用之元

由表 2-1，壬午之編號為 19、為上元，故本案例為「陽五局」。

5. 定「值時卦」

由陽局定「值時卦」之公式：（n+k-1） / 9 = （19+5-1）/9 = 2 .... 5（中

伍移艮宮)。

故,「艮」為「值時卦」。

6. 定「旬頭」

由公式 n= 10 p +r,n 為卜卦「時辰」之編號,k 指陽 k 局之局數。「戊申」時之編號為 45、k=5,故:

45 = 10*4 +5

「旬頭」數 = k +p

= 5 + 4 =9(離)

故知,「旬頭」為「離」卦。

(四)排宮佈局

《叁伍筮法》之排宮,可以產生三種不同之佈局,這三種佈局即可視為三種「抽樣結果」,從這三種佈局結果,其推斷最好的情形,即為此次卜卦之「上限」;其中推斷最差的情形,即為此次卜卦之「下限」。此種概念即是筆者一再強調的,以「區間估計」代替傳統的「點估計」。

A、以方位斷卦之《叁伍筮法》法

1. 時方法(將「值時卦」之「艮」,置於地盤各卦之外卦)

山風蠱		山火賁		山地剝
山雷頤		中伍		山澤損
艮為山		山水蒙		山天大畜

圖 2-7　值時卦「艮」之時方圖

以時方法可以得出如上圖 2-7 之九宮圖,但是,由於本案例欲探討「從南方往西北方發展情形」,因而僅需要查看「南方」及「西北方」之卦即可。

南方：山火賁

上卦艮為山，下卦離為火，火在山下燃燒，照耀著山上的五光十色，非常絢麗像是化妝一樣，故本卦為賁卦。主小凶象。「金玉其外、敗絮其中」是最佳之解釋。經過有心修飾、偽裝的外表或事情，事業投資、感情皆不宜。慎防有心的小人、偽君子。

卦辭：賁，亨，小利，有攸往。

賁象徵裝飾;亨指亨通,利于小事者實施,大事則需具深厚品德內涵。

(1) 賁其趾，舍車而徒。

為修飾自己的樸實德行，捨棄乘坐車馬而徒步行走。

“捨棄乘坐車馬而徒步行走”，這是因爲按道義不該乘坐車馬。此意是說，要保守、低調，不要趾高氣揚，要能和大伙打成一片。

(2) 賁其須。

修飾面部的表情，不要過份表露自己情緒。喜怒不要表露太過份，容易招人忌恨。

(3) 賁如，濡如，永貞吉。

“永遠堅守正道，便可獲得吉祥”，這是說只有永久堅持正道，才能最終不受人淩辱。事業進行過程中，縱然會吃點小虧，但是，只要問心無愧、不欺人，就不至於有大禍事發生。

(4) 賁如，皤如，白馬翰如；匪寇，婚媾。

“不與自己道不同的人一起工作,找與自己同心同意者一起奮鬥”。最終將無所怨尤。

(5) 賁于丘園，束帛戔戔；吝，終吉。

用少量的絲絹裝飾喜氣，雖可能感到些許寒酸，然而誠意足夠,最終必獲吉祥。

(6) 白賁，無咎。

“裝飾素白，不喜好華麗，沒有禍害”說明正符合樸素無華的志向。

西北方：山天大畜

上卦艮為山、為止，下卦乾為天，天欲上升，但為高山所阻而停留不前，這是積聚之象，故本卦為大畜。

卦辭：大畜，利貞，不家食，吉，利涉大川。

當生聚教訓之時，要長久有規劃地擴大招納人才，見識豐富又有才能之人，應以優異的條件為公司盡心盡力。

(1) 有厲，利已。

當生聚教訓之始，貿然前進發展恐有危厲，此時停止冒進靜待時機，方是適宜上策。如果貿然前往將會有危險，停止不前才能免於災禍。

(2) 輿說輹。

團隊要能統一其志要相互扶持，如同車與輪之間的相互配合而互相需求依存。

(3) 良馬逐，利艱貞，曰閑輿衛，利有攸往。

生聚教訓培養實力之時，能克服艱難、堅毅卓絕，不要忘記本身的技能，對於日後的開拓事業會有大助益。

(4) 童牛之牿，元吉。

牛從小就讓牠習慣於戴上牛牿，有防患於未然，防微杜漸的意謂。

(5) 豶豕之牙，吉。

把公司裡的不合理的制度去除，就不會再傷害人或業務，這是為了大家的安全。

(6) 何天之衢，亨。

這時正是養精畜銳到極點，一飛沖天的時候，能擔當國家的大事，能力足以化險為夷，如此則任何事情必然順利無礙而亨通。

綜論：此卦顯示：不必高腔爛調，做人守正、光明正大，就不會有大災害。

內部保持團結，生聚教訓，有了充份的準備，就不會有危險發生。此卦評分為「90」。

2. 方時法（將「值時卦」之「艮」，置於地盤各卦之內卦）

風山漸…		火山旅		地山謙
雷山小過		中伍		澤山咸
艮為山		水山蹇		天山遯

圖 2-8　值時卦「艮」之方時圖

南：火山旅

旅表示旅行、不定、不安穩之意，主小凶帶小吉之象。旅行者常居無定所。表示事事皆在浮動之中，雖不現凶象，但也是很令人煩心的。

卦辭：旅，小亨，旅貞吉。

行旅途中，食宿隨遇而安，不算太享受只算是小小的亨通，要堅守正道才不致招惹是非。

(1) 旅瑣瑣，斯其所取災。

行旅在外而與人斤斤計較，因此而引來災難。

(2) 旅即次，懷其資，得童僕貞。

行旅在外而找到了旅舍，財物藏於身而不露白，可以得到了值得信任的職員。

(3) 旅焚其次，喪其童僕，貞厲。

旅途之中如果不留意，因疏忽而引火上身，甚至所住的旅舍也被焚毀，跟隨的僕人也嚇跑了，這是招致日後危厲之禍根。若是，以「旅」

（放逐）方式對待下屬職員，得此傷害乃是應得的。

(4) 旅于處，得其資斧，我心不快。

旅途中找到歇腳的地方，雖然得到了一些資助，但是心中仍然不安。

(5) 射雉一矢亡，終以譽命。

所喪失的東西不多，但所得到的名聲卻很高。所損失者小，所獲得者多，塞翁失馬，焉知非福。

(6) 鳥焚其巢，旅人先笑後號啕。喪牛于易，凶。

鳥巢被焚毀，旅人先是大笑，而後號咷大哭。因為雙方在交易過程中，喪失了牛，就等於失去了種田的根本，故而大凶。

西北：天山遯

卦辭：遯，亨，小利貞。

遯表示退守、退步之意，主凶象。一切事項均需停止下來，因其中可能有小人、或障礙、陰謀在破壞中。

(1) 遁尾，厲。勿用有攸往。

當事端已經發生了很久，到了事情末尾才決定隱遁，此時已經充滿了危機。但是，由於初六柔順，還不至於過份地招惹是非，不要有所妄動。

(2) 執之用黃牛之革，莫之勝說。

事業經營不順利，已有了退隱之念頭，此時之意志要堅定執著，就像用黃牛皮革綁在住一般，任何花言巧語都無法動搖初衷。

(3) 係遯，有疾，厲，畜臣妾吉。

心中仍無法擺脫名利財色的束縛，深深眷戀著榮華富貴，所以無法超然物外；雖然該是隱居的時候，但仍念念不忘世俗的富貴名利。

(4) 好遯，君子吉，小人否。

如果是君子則能捨功名利祿而瀟洒離去，故吉；若是小人，則會選擇世俗的名利，無法斷然隱退，故凶。

(5) 嘉遯，貞吉。

雖然能逃遁，但卻又為「名」與「職位」所累。

(6) 肥遯，无不利。

達到了隱居的最高境界，天子都無法命令於你，達官貴人也無法和你高攀；心中無所懷疑，而能完全超然物外，對於世俗的榮辱名利，完全能看開。無所不利。

綜論：本卦評分為「80」。

3. 時空法（將「旬頭」置於地盤「值時卦」之上，再依「旬頭」按順時針，一一置於地盤之各卦之上。）

澤風中孚		天火同人		水地比
地雷復		中伍		山澤損
火山旅		風水渙		雷天大壯

圖 2-9　「旬頭」“離”、「值時卦」“艮”之時空圖

南：天火同人

同方時法之「天火同人」。

西北：雷天大壯

卦辭：大壯，利貞。

理直氣壯、聲勢壯大、陽氣強盛。為雷在天上，剛健而震動之象，氣勢當然壯大而震攝人心。

陽氣旺盛，利於貞靜守正，如此才能理直而氣壯。

(1) 壯于趾，征凶有孚。

一心想要出行，空有氣勢而完全不顧其餘。自認理直氣壯，然而卻因自己的氣勢凌人而遭到排斥。若是以目前的態勢前往，必然受到排擠，凶。

(2) 貞吉。

即使在壯盛時期，一切行事也都要小心謹慎，都要合於正道才會吉利。

(3) 小人用壯，君子用罔，貞厲，羝羊觸藩，羸其角。

小人以血氣之勇硬撞，君子則以對道理的堅持來表現他的勇氣。事情若堅持則有危險。

(4) 貞吉，悔亡。藩決不羸，壯于大輿之輹。

雖然，自己本身具有大壯的條件，即使是為了維護正道，也絕不採用暴力手段，或許效率會差一些，也不後悔。

(5) 喪羊于易，无悔。

在大壯時期，由於交易而失去了羊，雖然有些損失，此時不必介意也不必後悔。

(6) 羝羊觸藩，不能退、不能遂，无攸利，艱則吉。

為了突破障礙而用羊角頂撞籬笆，羊角卡住，不能進也不能退，沒有任何好處；若能因此而得到教訓，學會審察局勢之後再前進，即使艱苦未來也是吉祥的。

綜論：此卦顯示往西北方之行，起初並不容易有所收穫，但是，若能堅持到底，最後終會有成功之機會。過程中將會遭遇一些困難，雖然有些損失，但是可以從失敗中獲得一些教訓，也未嘗不是好事。評分為「80」。

經由以上三種不同方法之評論，此案之綜評之信賴區間為「80，90」。

B、以專業斷卦之《叁伍筮法》法

※以上方法，純以方位作為發展之吉凶論斷，若是專門為了「事業」之卜卦，則以「乾」卦看事業：

(1) 時方法「乾」宮為「山天大畜」。

在生聚教訓之時，要多培養人才，內部保持團結，生聚教訓，有了充份的準備，就不會有危險發生。此卦屬「95」分。

(2) 方時法之「乾」宮為「風天小畜」。

綜論：尚在積極培養實力期間，內部要保持團結，過程中或許會遇到激烈之競爭，但是只要能秉持誠信，危難不至於太嚴重。

此卦顯示往西北方之行，起初並不容易有所收穫，但是，若能堅持到底，最後終會有成功之機會。評論得分為「80」分。

(3) 時空法之「乾」宮為「雷天大壯」。

綜論：將會遭遇一些困難，雖然有些損失，但是可以從失敗中獲得一些教訓，也未嘗不是好事。評論為「80」分。

只看「事業」之論卦，經由以上三種不同方法之評論，此案之綜評之信賴區間為「80，95」。

案例二：

丁酉年四月八日午時，一清師父欲卜測「舉辦浴佛節」期間，將會遇到何種應注意之事件？

（一）趣時：由萬年曆查知，年月日之干支為：

1. 定年：丁酉

2. 定月：乙巳

3. 定日：庚寅

四月庚寅日之節氣屬「穀雨」。

（二）定時

由表 2-4，「庚寅」日為「壬午」時。

（三）定局

1. 節氣

由圖 2-3 知，四月十日起為「立夏」，故知四月八日之節氣仍屬「穀雨」。

2. 陰陽局

由圖 2-3 知，屬「震宮」，「震」屬陽局。

3. 三元

「震宮」之三元為「五、二、八」。

4. 所用之元

由表 2-1，庚寅之編號為 27 為下元，故本案例為「陽八局」。

5. 定「值時卦」

由陽局定「值時卦」之公式：(n+k-1）/9＝（27+8-1)/9＝3 .... 7(兌)。故「兌」為「值時卦」。

6. 定「旬頭」

由公式 n= 10 p +r，n 為卜卦「時刻」之六十甲子編號，k 指陽 k 局之局數。「壬午」時之編號為 19、k=8，故：

19 = 10*1 +9（「壬午」時之編號為 19）

「旬頭」數= k +p

= 8 + 1 =9（離）

故知，「旬頭」為「離」卦。

（四）排宮佈局

此案並無方位之問題，只有問事，卜測未來行事之吉凶，因此可由「震」宮之卦推斷。

A、以方位斷卦之《叁伍筮法》法

1. 時方法

澤風大過		澤火革		澤地萃
澤雷隨		中伍		兌為澤
澤山咸		澤水困		澤天夬

圖 2-10　值時卦「兌」之時方圖

本案占「出行」由表 2-8 知，故以「震」宮「澤雷隨」推斷：做事要能做到「仁、義、禮、智」，一切事情就不會有錯誤了。盡心盡力，不做愚蠢的事，合於義、也合於禮，任何人都會覺得滿意。

綜論：評等為「95」分。

2. 方時法

風澤中孚		火澤睽		地澤臨
雷澤歸妹		中伍		兌為澤
山澤損		水澤節		天澤履

圖 2-11　值時卦「兌」之方時圖

「震」宮為「雷澤歸妹」：

浴佛節來來往往的信眾、人物富庶豐盛，處理事物要小心謹慎，不可輕舉妄動，要自我抑制，不要發生不該有的慌亂，別忘了所有的辛勞都是為了眾生的祈福，而不是為了汲汲營利。

綜論：正常運作，小心處事，沒有災害。評分「80」分。

3. 時空法

山風蠱		雷火豐		風地觀
水雷屯		中伍		火澤睽
天山遯		澤水困		地天泰

圖 2-12　「旬頭」“離”、「值時卦」“兌”之時空圖

「震」宮為「水雷屯」：

雷震基層，衝破坎之障礙，陽氣得以暢通，因而大吉，但宜守固堅貞，不宜私自妄動，而宜共同推舉一位領導者，以領導眾人成就大業。

綜論：可能會碰上窒礙難行的問題，此時要保守、不要好高騖遠，內部要團結，不要因小失大。此案評分為「85」分。

經由以上三種不同方法之評論，此案之綜評之信賴區間為「80，95」。

B、以專業斷卦之《叁伍筮法》法

以「乾」宮看「事業」

1. 時方法之「乾」宮為「澤天夬」。其卦辭顯示，若是做事欠謹慎，將會把事情陷入困境，此時宜先將困難排除，再徐圖改善。此案評分為（75）分。

2. 方時法之「乾」宮為「天澤履」。其卦辭顯示，做事要小心謹慎，方能化險為夷。此案評分為（75）分。

3. 時空法之「乾」宮為「地天泰」。其卦辭顯示，上下交心、意志和同，事業進行順暢。此案評分為（95）分。

經由以上三種不同方法之評論，此案之綜評之信賴區間為「75，95」。

由於《叁伍筮法》與遁甲法之基本運作方法相同，其斷卦方法亦可參考遁甲法所使用之方法：

一、綜觀全盤，全方位判斷。即根據八個宮內各宮內的多種訊息，它們所表現的各種含義、陰陽五行、生剋、八卦象數等，針對性地作出多人、多事吉凶之判斷；

二、是以“取向”（以求測者來的方向或其坐定之方位。二者均以卦師衡定）

（或取數、物、色、信函、電話）單角度判斷，只對定宮內的諸個訊息進行分析推理，亦可適度地關注一下其他的宮格（見劉廣斌，實用奇門預測學`）。據劉氏稱，此單向取斷十分準確，有時不亞於全方位之斷。究其原因是：凡求測者有疑欲決時，其行動受到宇宙訊息之影響非常明顯，他會不自覺地，落座入某宮之中。

以《叁伍筮法》佈盤時，可考慮除了取向宮之卦象數含義判斷推理外，亦可考慮對宮格內所含其它訊息的判斷以作參考，譬如八門、五行等等。甚至包括小成圖的取用宮法之“闔辟往來”、“四象法”等等。

基於上述指引，以上案例亦可採用《梅花易數》方法，將問題分成「本卦」、「互卦」與「變卦」。本卦中的地盤卦為「體」、另一卦則為「用」，再依五行生剋之觀念推論該卦象之「吉、凶」情形。由於《梅花易數》並作本書討論範圍，不在此贅述。

七、結　論

本篇對於盧泰（2012）所著之「數理不二學周易」，將其中之《叁伍筮法》重新整理，對於「值時卦」、「旬頭卦」之決定，本文以一些數學公式，取代了原書中的 18 的表，不僅簡化了繁複的查表工作，也可以藉著數學公式的結構看出一些「時辰」與「卦」之間的關聯。

本文將「時方法」、「方時法」及「時空法」視作三次抽樣結果，以這三次卜筮的最佳與最差之評分，作為此次卜筮評論之「上限」與「下限」，此即構成了卜筮評論之「區間估計」。

本文對於《叁伍筮法》之應用，區分為兩種：

1. 應用上述的「時方法」、「方時法」及「時空法」，以卜筮者所處方位之卦作為「本卦」，以所欲卜測事件所處方位之卦作為「變卦」。
2. 以所欲卜測之事項，決定以哪一宮之卦推斷。見表 2-8：

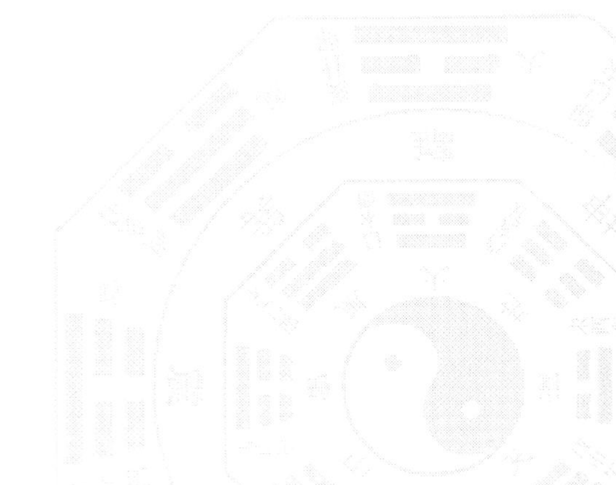

參考文獻

朱東方（2013），易象〔周易預測的捷徑〕，北京市線裝書局。

晉榮東（2011），四柱類比推理系統，中國傳統類比推理系統研究，上海辭書出版社。

盛治仁（2016），創意不是天生的，聯合報，名人堂，0307。

柯建宏（2012），社會環境變遷的術數推論－以子平八字為探討，第一屆中華傳統術數文化學術研討會，輔仁大學。

廖名春（2007），文王演《周易》的真相，中華遺產，(7)，86-87。

劉云超（2006），易學與術數辨析，周易研究，(4)，012。

姜金仲（2008），六爻卦與數理統計預測，Google 網站：http://tieba.baidu.com

余敦康（1998），〈易學中的管理思想〉，中國哲學論集，遼寧大學出版社。

林文欽（2005），周易與時義研究。台北：國立編譯館主編。

邵偉華（1991），周易與預測學，山東齊魯出版社。

林廷橋（1976），周易臆解。高雄：三信出版社。

林燦螢（2003），從易經看知識管理。華岡社科學報，17，101-116。

南懷瑾（1994），易經雜說。臺北：老古文化。

徐木蘭、陳必碩、許金田及孔祥科（2006）。「《易經》早期管理決策模式與西方管理決策模式之比較分析」，管理學報，23（3），289-307。

張成秋（2001），由《易經》論預測與決策。語文學報，8，29-37。

黃輝石（2011），不可思議的占卜方法‧大衍之數與占驗。知青頻道出版有限公司。

廖名春（2014），清華簡《筮法》篇與《說卦傳》，深圳大學學報，2014/11/28年第一期。

卡倫霍妮(2009)，自我分析(精神分析療法的出發點)，上海錦繡文章出版社。

李燕（2014），〈周易〉預測學初探。Google 網站：https://sites.google.com.tw

柯雲路（2000），多為空間是怎麼回事呢？Gogle 網站：http://mypaper.pchome.com.tw

《兩漢象數易學研究》劉玉建著，廣西教育出版社

徐木蘭、陳必碩、許金田及孔祥科（2006）。「《易經》早期管理決策模式與西方管理決策模式之比較分析」，管理學報，23（3），289-307。

榮格（1912），潛意識心理學。

熊哲宏（2000），心靈深處的王國：佛洛伊德的精神分析學，果實出版社。

《〈傳〉前易學》，吳前衡著，湖北人民出版社《周易古經今注》，高亨著，中華書局 1984 年出版。

附　錄

一、《周易》「斷卦」之依據

為便於查詢所卜卦之內涵，茲將各卦名及其在後天六十四卦之排序陳述如下：

《周易》六十四卦

分為上經三十卦、下經三十四卦，細節見本書之表 2-9。

第一卦　乾：乾為天

䷀

卦辭：乾，元亨利貞

初九，潛龍，勿用。

九二，見龍在田，利見大人。

九三，君子終日乾乾，夕惕若，厲无咎。

九四，或躍在淵，无咎。

九五，飛龍在天，利見大人。

上九，亢龍有悔。

用九，見群龍无首，吉。

※運勢：乾之勢如日當中，諸事順暢，無往不利。但是，切忌驕縱傲慢，否則必遭失敗。進行工作時，要專心一意，避免投機取巧。

※婚姻：得意洋洋婚姻吉祥。但是，切忌個性過於強勢，否則爭吵不斷。

※戀愛：雙方都很有自信，戀愛順利。但是，雙方不要太自負，容易爭吵、戀

愛難以持久。

※商業經營：意氣風發，經營順利。但是，切忌得意忘形，不要疏忽了基本原則。只要腳踏實地的工作，求取正財與偏財無緣。投資時要小心謹慎，有加薪的機會，也有破財之可能。

※考運：考運順利，成績優異。但是，不要就此忘了努力用功。

※求職：有貴人相助，求職順利。但是，不要忘記貴人的恩情。

第二卦　坤卦

卦辭：元亨，利牝馬之貞。君子有攸往。先迷後得，主利；西南得朋，東北喪朋，安貞吉。

初六，履霜，堅冰至。

六二，直，方，大，不習無不利。

六三，含章可貞。或從王事，無成有終。

六四，括囊，無咎，無譽。

六五，黃裳，元吉。

上六，龍戰於野，其血玄黃。

用六，利永貞。

※運勢：卦辭「君子有攸往。先迷後得」說明運勢會有起伏不定，但是，仍要保持堅貞，虛心求教，穩紮穩打，成功仍然有望。處裡事物時，要注意圓融和縝密的思維。

※婚姻：男女雙方之交往順其自然，不刻意造作，自然會結成連理。但是，交往途中有虛情假意者，仍會受到一些磨難。

※戀愛：雙方之交往很順利，但是，也希望不要有矯情的情形，否則也會破壞感情。愛情方面要堅守原則，不要受到外在環境之影響，不要急躁，

順其自然發展即可。

※商業經營：六三爻：無成有終表示沒有成就，但有結果。經營事業可能初期學習一些經營手法。（所以坤卦以追隨他人為事，講的是臣道，不可居先，只能追隨明主。）但是，只要能常保初衷，耐心地會等待到時機的到來。要珍惜現有的工作，避免投機或冒險的事業。

※考運：讀書的成績並非一帆風順、時好時壞，因此考試也是中等運勢。但是，只要不斷地努力，括囊中的智慧，終有顯露的一天。

※求職：求職也是並非一帆風順，但是只要常保謙順、保持低調，終會遇到賞識的老闆。

第三卦　水雷屯

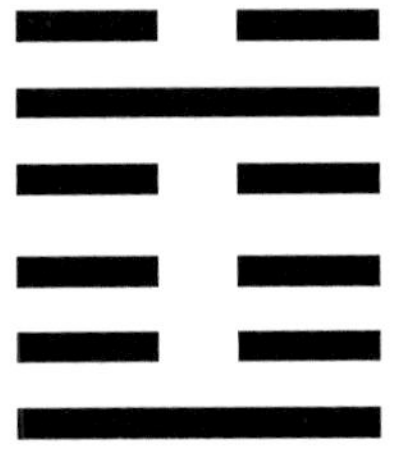

卦辭：屯，元，亨，利，貞；勿用有攸往，利建侯。

初九，磐桓，利居貞，利建侯

六二，屯如邅如，乘馬班如。匪寇婚媾，女子貞不字，十年乃字。

六三，即鹿無虞，惟入于林中，君子幾，不如舍，往吝。

六四，乘馬班如，求婚媾，往吉，無不利。

九五，屯其膏，小貞吉，大貞凶。

上六，乘馬班如，泣血漣如。

※運勢：此卦象徵初生、元始，亨通，和諧，貞正。初創期必然遭受許多災難，此時不要急于發展，首先要想到儲備實力。但是，途中千萬不要輕舉妄動，要耐心等待，好運漸漸會來到。

※婚姻：雙方的意見難以一致，經常爭吵意見分歧，婚姻並難以和諧。但是，雙方能放棄己見，放棄自己認為對的事，將就對方，婚姻仍可維持長久。

※戀愛：愛情難以穩固，四面八方的反對意見很多，若是輕率地仍然不想放棄，會友或是發生。不必因為愛情難續，而放棄了情誼，從另一個角度來想，海闊天空，不妨另尋感情出路。

※商業經營：商場上的競爭激烈，與交易對方也難以達成共識。不必著急，耐著性子，會有好機會出現。不要被表面上的利益給蒙蔽了，否則容易遭受損失。

※考運：考運不佳，考前猜題多未猜中。不要氣餒，累積實力，以後會有機會。

※求職：求職不很順利，專長與公司的需求不太符合。要耐住性子，繼續累積實力，從長計議，以待時機的來臨。可利用周遭資源，或向長輩請教，以求正確之指引。

第四卦　山水蒙

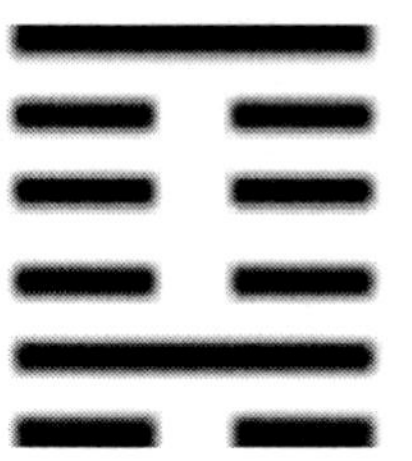

卦辭：蒙，亨。匪我求童蒙，童蒙求我；初筮告，再三瀆，瀆則不告。利貞。

初六，發蒙，利用刑人，用說桎梏；以往吝。

九二，包蒙，吉。納婦，吉；子克家。

六三，勿用取女，見金夫，不有躬，無攸利。

六四，困蒙，吝。

六五，童蒙，吉。

上九，擊蒙，不利爲寇，利禦寇。

※運勢：面臨許多難以解決之問題，茫茫然不知所以。不要放棄，自己要有認知，本身的知識能力不足，要再專心地求教，再加強本身的能力，尋求出路的方向。

※婚姻：雙方對於婚姻生活並不瞭解，必然發生許多爭執。但是，對於婦人的過錯，能夠通盤考量而接納，這個家庭仍然會有幸福。

※戀愛：雙方的感情一直無法得到進展，社經地位不合，或許是造成難以匹配的因素。或許雙方的人生歷練不足，都太年輕了，要再耐著性子，互相學著忍讓，以後或許還有成功的機會。

※商業經營：經營者不是該行業的專才，以致經營不得法，再加上如果不能親身體驗商場的競爭，商業經營更會困難。如果能夠放下身段，再重頭認真學習經營之道，他日會有成功的機會。不要把金錢看得太重，否則容易失去人生的意義。

※考運：讀書方法不正確，難免在考場就像是瞎子亂闖，難有好成績。今後，宜加強努力，為了戰勝過去的懈怠，痛下苦功毅力，考試成績必然大有進步。

※求職：盲目地求職，並不能與本身的專長一致，求職必然不順利。不要灰心，今後要加強本身專業知識，求職成功會有希望。工作能力本不差，但是，可能由於雜學而不精，難以表現實力，注意，不要鋒芒太露。

第五卦　水天需

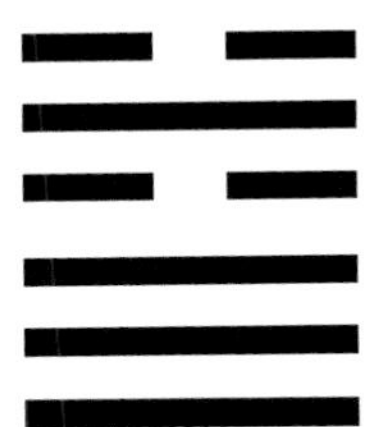

卦辭：需，有孚，光亨，貞吉，利涉大川。

初九，需于郊，利用恒，无咎。

九二，需于沙，小有言，終吉。

九三，需于泥，致寇至。

六四，需于血，出自穴。

九五，需于酒食，貞吉。

上六，入于穴，有不速之客三人來，敬之終吉。

※運勢：處在等待時機的到來，一切都還是未定數。但是，要能長保誠信，則前途光明而亨通，即使面臨危險災難，也可以涉險渡過。

※婚姻：你一直都在婚姻狀況的外緣打轉，對方的訊息和態度不甚明朗。唯有

靜心等待，會有貴人為你們糾纏不清的婚姻關係，明朗化。

※戀愛：戀愛的情形也是很含糊，但是，不要太極端，也不用太急躁，永保誠敬，愛情的花朵將會來到。

※商業經營：似乎有了商機，但卻一直遲遲無法確定，顯然合作或投資並不是恰當時機。此時宜靜靜等待最佳時機的到來，最終會有貴人帶來商業上的幫助。很想在事業上有所表現，但是卻缺乏助力。

※考運：考試的成績好與壞，仍然是一個未定數，可能是考運味道所致。不要洩氣，時機未到因而考不出程度，繼續努力，中會有展露實力的機會。

※求職：實力與職場未能完全配合，因而一時間未能得償所願。但是，只要繼續保持實力，並能不斷地進修，終有見到伯樂的時候。

第六卦　天水訟

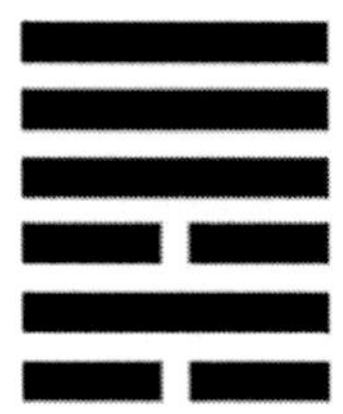

卦辭：訟，有孚，窒惕，中吉，終凶。利見大人，不利涉大川。

初六，不永所事，小有言，終吉。

九二，不克訟，歸而逋其邑，人三百戶，无眚。

六三，食舊德，貞厲，終吉。或從王事，无成。

九四，不克訟，復即命，渝安貞，吉。

九五，訟，元吉。

上九，或錫之鞶帶，終朝三褫之。

※運勢：容易與人爭執，許多事情都不很順心。但是，要忍耐，縱然內心感到很委屈，自己感到理直氣壯，也不必爭吵到兩敗俱傷。

※婚姻：感到對方經常無理取鬧，每次夫妻爭吵都不順利。請再忍讓，夫妻之間不必講太多的大道理，注意生活的和諧才是最重要。此段時期做事要注意沉穩，不可三心二意。

※戀愛：戀人之間經常會為了小事爭執不已。如果，雙方不能各退一步，感情很難再順利發展下去。

※商業經營：經營事業常會遇到一些意見不合，或是不順利之情形。注意，能忍自安，有些小問題只是意氣用事，不要太計較，就會大事化小。

※考運：心緒浮躁，念書的成效不佳，考試也常會答錯方向。把心情收斂，不再胡思亂想，一分耕耘一分收穫。

※求職：求職過程中易為小事與人爭執，影響了個人形象，謀職不順利。要注意本身的形象，不計較、不苛求，外人對你的看法會提高很多。與人相處，以和為貴，若有心結未決，會導致事業進行不順利。

第七卦　地水師

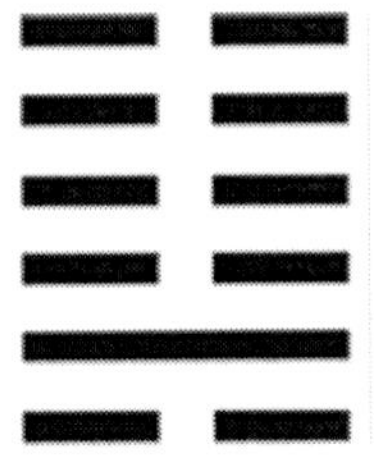

坤為地，坎為水，地下水很多，是聚至之象，故本卦為師。

卦辭：師貞，丈人吉，無咎。

初六，師出以律，否臧凶。

九二，在師，中吉，無咎；王三錫命。

六三，師或輿尸，凶。

六四，師左次，無咎。

六五，田有禽，利執言，無咎；長子帥師，弟子輿尸，貞凶。

上六，大君有命，開國承家，小人勿用。

※運勢：你的能量就像地中蘊藏聚集了大量的水，但是一時間並不容易取出來，想盡方法要取出來，卻因為方法不對感到困難。此時，不可氣餒，要耐心等待，仍然要不斷地充實自己，終會有出人頭地的時刻。

※婚姻：雖然雙方都有很深厚的才能，但是因為表達不當，使得雙方都感覺不到真情，婚姻暫時進展困難。如果，還很一戀這段姻緣，不妨換一種

表達方式，或是請教專家，請求提供解套方法。

※戀愛：雙方都難以把感情表達出來，戀情交往短時間難以見到進展。設法調整心態，不要太嚴肅，會有意想不到的結果。

※商業經營：雙方都在探底，一時間不容易掏心掏肺展露真誠，難怪交談都沒有進展。委請第三者商業經營專家，請求協助雙方的溝通，或許會解開過去的誤會。

※考運：考試時會出現答非所問之情境，考運一時難出現佳績。讀書需要長期規劃，不要三心二意，成績會慢慢累積成長。

※求職：本身對於求職的心態還有些混亂，短時間難以找到理想的職業。今後要靜下心來，專心為了前途預作規劃，準備適當的專業的知識，前途掌握在自己的手中。

第八卦　水地比

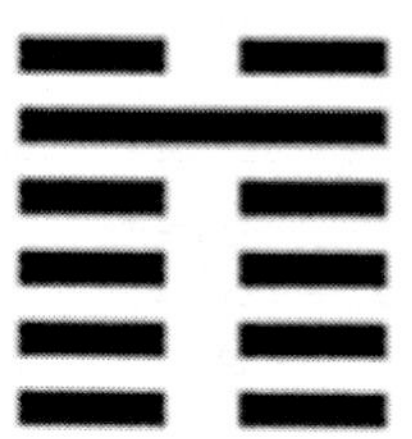

坎為水，坤為地，水在地上流動之處必與該物非常密切，故稱之比卦。

卦辭：比，吉。原筮，元永貞，無咎。不寧方來，後夫凶。

初六，有孚比之，無咎；有孚盈缶，終來有它，吉。

六二，比之自內，貞吉。

六三，比之匪人。

六四，外比之，貞吉。

九五，顯比；王用三驅，失前禽，邑人不誡，吉。

上六，比之無首，凶。

※運勢：與人相處、謀事規劃，愈來愈能親密一體，大好的時機將會到來。但是，朋友相交勿忘初衷，一定要長保真誠、做事也不要虎頭蛇尾。此段時期運勢平順，但因得失心重，做事會有綁手綁腳之感，要避免主

觀心太強，而招致怨懟。

※婚姻：雙方都有誠意，願意終身互相依靠，婚姻非常有希望。但是，婚姻是一輩子的事，切莫只是貪戀對方的某一些利益，而要保持真誠，才會無妄。

※商業經營：與經營夥伴都能有相互的認知、意見也能認同，經營謀事容易成功。不要疏忽了人際的關係，要真心誠意，才不會被瑣事破壞了合作關係。

※考運：考運不錯，考前猜題都能切中。完全靠猜題不是長久之計，未來還有很多類似的考試，還是以加強本身學識為最重要。

※求職：本身的專長能與公司的發展配合，謀職容易成功。注意，不要隨意與心態不良的份子結交，將會敗壞你的運勢。

第九卦　風天小畜

卦辭：小畜，亨，密雲不雨，自我西郊

初九，復自道，何其咎，吉。

九二，牽復，吉。

九三，輿說輻，夫妻反目。

六四，有孚，血去惕出，无咎。

九五，有孚攣如，富以其鄰。

上九，既雨既處，尚德載，婦貞厲，月幾望，君子征凶。

※運勢：「密雲不雨」，有雲無雨代表仍須等待，或事情有疑慮。
雲從西邊的郊區聚集而來，雖然雲層很厚，但卻遲遲不下雨。心中的疑慮，也像天上烏雲一樣密佈。但是，只要耐心等待，前途仍會亨通。這段期間的做人做事，身段要放柔軟一些。做事上，除了要認清目標，更要堅定意志，借助貴人的力量幫助，可以有助於事業之發展。

※婚姻：感情小有進展，卻不是立刻可以見到婚姻。不用放棄，只要堅貞不變，會等到運開見日的情景。

※商業經營：小有進展的商機，也許時機未到。要靜心等待，同時也要加強專業知識的學習，未來的發展會有很好的機會。

※考運：只能說是小成就，不足太過高興。仍應努力學習，以備下一次的考試。

※求職：謀職可成但不算是很理想。繼續努力加強專業知識，再求下一次晉升的機會。

第十卦　履卦 天澤履

卦辭：履虎尾，不咥人，亨。

初九，素履，往，旡咎。

九二，履道坦坦，幽人貞吉。

六三，眇能視，跛能履，履虎尾，咥人，凶。武人為于大君。

九四，履虎尾，愬愬，終吉

九五，夬履，貞厲。

上九，視履考祥，其旋元吉。

※運勢：外表剛健內心和悅，這種剛健和悅使人信服，相信可以履行所交代之事務。但是，長久以往也要能一本初衷，不為外務誘惑而改變風格本意，這樣就不至於有大錯。避免由於思慮不週而產生了過錯，事業之進行，剛開始時雖有驚險，但是只要謙虛地請教高明，心態上保持柔和，最終會化險為夷。

※婚姻：雙方的內心都很平靜，不易受到外在雜務之誘惑，因此而能固守感情而不亂，婚姻順利。但是，夫妻之見也要相敬如賓，才能長保婚姻幸福美滿。

※商業經營：外行人經營難保有成。茲後宜小心謹慎，兢兢業業仔細檢討，方能順利吉祥。

※考運：能夠不斷地反省考試的結果，無論此次考試結果如何，未來都會有更好的成績。

※求職：行事小心謹慎，求職有望。但希望未來更要不斷地檢討反省，可以在職場上更有發揮。

第十一卦　地天泰

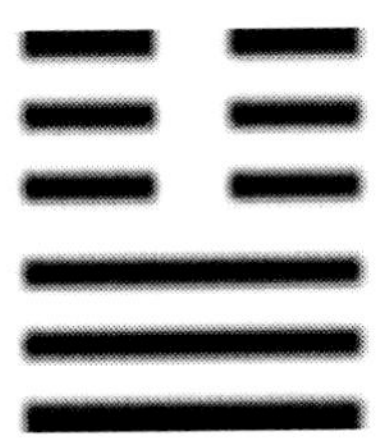

卦辭：泰，小往大來，吉亨。

初九，拔茅茹，以其彙，征吉。

九二，包荒，用馮河，不遐遺，朋亡，得尚于中行。

九三，無平不陂，無往不復，艱貞無咎。勿恤其孚，于食有福。

六四，翩翩不富，以其鄰，不戒以孚。

六五，帝乙歸妹，以祉元吉。

上六，城復于隍，勿用師。自邑告命，貞吝。

※運勢：不論健康或事業，一切都很順暢，前途充滿了希望。但是，切記得意忘形，不要太堅持己見，要能虛心接納他人建議，若是太過自滿就容易招人忌，也容易發生錯誤。

※婚姻：郎才女貌、天作之合。但是，也不要忘記熱戀時候的甜言蜜語；小心，一旦遇到外來誘惑，難以抗拒，就會使得美滿變成悔恨。

※商業經營：機會難得，經營順利。但是，雙方合作，一切運作交由完善的制度，對待朋友夥伴要以誠相待，不要緊緊張張地不相信對方的品德。

※考運：考運不錯，成績理想。但是，切忌太過自滿，仍然要努力學習，才會

有更好的未來。

※求職：求職順利，理想與現實都能配合。以後仍應繼續上進，學習職場上的專業知識，還會有更好的發展。

第十二卦　天地否

卦辭：否，否之匪人，不利君子貞，大往小來。

初六，拔茅茹，以其彙，貞吉亨。

六二，包承。小人吉，大人否亨。

六三，包羞。

九四，有命無咎，疇離祉。

九五，休否，大人吉。其亡其亡，系于苞桑。

上九，傾否，先否后喜。

※運勢：這是否的社會，此時顯現出陰陽之氣不協調，在人及事方面諸多不被認同，有內外不合、眾說紛紜的現象，因此事事難以進行。此時，最好此時能彼此互相退讓靜下心來理性的溝通，方能轉吉。

※婚姻：雙方意見難以相同，甚至於周遭的朋友也是眾說紛紜，在此種情形下，婚姻難成正果。此時雙方應該都冷靜下來，仔細思考大家所爭執的問題到底是為了什麼？能理性地溝通之後，會有喜訊來到之可能。

※商業經營：大家都處在一團混亂之情況下，談不上合作經營，效率不佳。應該坐下來，拜請專家來規劃經營方針，或許會有轉機之希望。

※考運：考運不佳，缺乏考試的心理準備。應該重新振作，把心緒重新整理，有規劃地讀書，下一次的考試才會有所進步。

※求職：所謀之職位與本身之專長不符，求職不順。未來應該專心於所希望的職場，加強準備，為來的求職才會成功。

第十三卦　天火同人

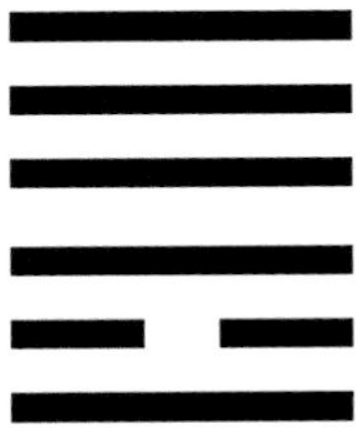

卦辭：同人于野，亨。利涉大川，利君子貞。

初九，同人于門，無咎。

六二，同人于宗，吝。

九三，伏戎于莽，升其高陵，三歲不興。

九四，乘其墉，弗克攻，吉。

九五，同人，先號咷而后笑。大師克相遇。

上九，同人于郊，無悔。

※運勢：能找到志一同，相互合作的好朋友。大家的理念一致，相處愉快。但是，尋求事業夥伴，眼光要遠大，不要只侷限於近親或是同宗，這會限制住了未來的發展。

※婚姻：雙方志同道合，想法也都能一致，婚姻進行沒有困難。但是，婚姻之維持，也如同經營事業一般，不僅雙方要志同道合，也要不斷地增加生活上的情趣，才不致於發生程度上的落差。

※商業經營：事業投資、感情皆是和睦融洽，最適合找人合夥事業或尋求認同自己理念。但是也要注意維持雙方的共識，持續學習經營的知識與技術，不要由於無知，而產生意見上的落差。

※考運：考試成績理想，這應該是平時已經注意到考試的方向。以後仍然要持續努力，希求再一次的考試成功。

※求職：謀職順利，職場與本身的專長亦符合。未來仍應加強職場的專業，才會有更好的職場發展。

第十四卦　火天大有

卦辭：大有，元亨。

初九，無交害，匪咎，艱則無咎。

九二，大車以載，有攸往，無咎。

九三，公用亨于天子，小人弗克。

九四，匪其彭，無咎。

六五，厥孚交如，威如；吉。

上九，自天佑之，吉無不利。

※運勢：無論從事何種行業，每一想起就會感到希望無窮的興奮，這就是大有。此時無論做什麼，都會順利亨通。 但是，不要忘了堅持，留意自己的態度，切忌自高自傲，否則容易得罪小人，一切低調行事，才能常保最後的亨通。

※婚姻：雙方交往都是出於誠心誠意，不會有害於對方，婚姻可成。但是，夫妻相處也要經常小心不要犯錯，時時緬懷過去艱難困苦的日子。

※商業經營：經營事業任重道遠，不會吝嗇財務，商業經營必能贏得眾人信賴，經營必定順利。但是，應該長保威信，不要疏忽了辛苦建立起的令譽。

※考運：由於平日認真讀書，考試成績不錯。也要注意保持認真讀書的好習慣。

※求職：本身實力不錯，職場上容易受到欣賞，求職沒有困難。仍應保持努力，希望能有再晉升的機會。

第十五卦　地山謙

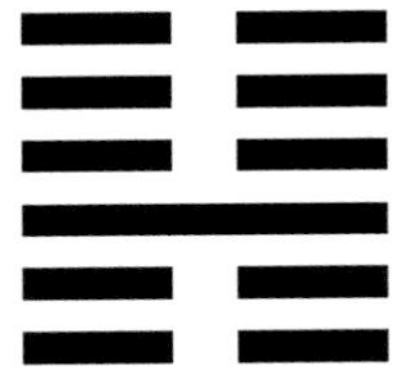

卦辭：謙，亨，君子有終。

初六，謙謙君子，用涉大川，吉。

六二，鳴謙，貞吉。

九三，勞謙，君子有終，吉。

六四，無不利，撝謙。

六五，不富以其鄰，利用侵伐，无不利。

上六，鳴謙，利用行師，征邑國。

※運勢：謙謙有禮，不與人爭，因此一切亨通順利，這種謙恭之美德，只有君子才能夠始終如一。今後更應該虛心待人，不要忘記目前的成就皆是謙厚而來，不可自高自大，萌生驕傲之心。

※婚姻：雙方能夠相互禮讓、互相尊重，成就美滿姻緣水道渠成。但是，不要日久變心，夫妻之間雙方仍要保持一定的禮讓。

※商業經營：禮讓謙恭是做人處世的基本原則，有了這些條件，事業經營都能夠順遂。日久之後，也不要因為地位上升，或是賺了大錢之後，就把當初的謙虛遺忘了。

※考運：由於讀書踏實，考試成績不錯。日後仍應保持踏踏實實的學習，希望未來能有更好的成績。

※求職：你是職場上所需要的誠實的類型，求職順利。日後仍應常保謙遜的態度，認真地學習職場上的工作。

第十六卦　雷地豫

卦辭：豫，利建侯、行師。

初六，鳴豫，凶。

六二，介于石，不終日，貞吉。

六三，盱豫，悔。遲有悔。

九四，由豫，大有得，勿疑，朋盍簪。

六五，貞，疾，恒不死。

上六，冥豫，成有渝，旡咎。

※運勢：春臨大地，萬物震奮，順著事情的自然本性前進，順勢而為，自然能讓事情融洽歡樂的完成。一切順其自然，不要得意忘形，將會引來悔事。會有貴人相助，要懂得把握時機，面對問題下定決心，積極去爭取，什麼事情都容易成功。

※婚姻：兩人的感情和樂融融，姻緣天注定。注意，不要疏忽了外界之誘惑，不小心就會因此破壞了兩人的情感。

※商業經營：睜大眼睛仔細觀察，不要為眼前的假象所迷惑。若是覺得環境適宜，事事順心而內心又能愉悅，就不必多疑大家的用心，眾人就像是用簪子聚攏一般的自然，事業發展必然可成。但是，一旦發覺狀況有變，就要立即撤身，以免迷失更久。

※考運：平日讀書的好習慣，使你考場順利。今後仍應持續努力，以求更上層樓。

※求職：職場與你的志趣相符，你能順利通過企業的要求，求職順利。但是，要注意不可得意忘形，仍應兢兢業業，配合職場的需要而上進。

第十七卦　澤雷隨

辭：隨，元亨利貞，旡咎。

初九，官有渝，貞吉，出門交有功。

六二，係小子，失丈夫。

六三，係丈夫，失小子，隨有求得，利居貞。

九四，隨有獲，貞凶。有孚，在道以明，何咎？

九五，孚于嘉，吉。

上六，拘係之，乃從維之，王用亨于西山。

※運勢：為人處事能夠順其自然，日出而作，日入而息。你的生活，能照著自然的節奏，過著最樸素無為的生活，不刻意做作，任何事情都會自然順利。但是，也要注意本身的修養，雖說要順其自然，卻不能我行我素，一切行為仍要遵守和諧的法度。否則，這段期間容易使你胡思亂想，你不必要求過分完美、不要鑽牛角尖，要知道事情的輕重緩急，才能事事完美吉祥。

※婚姻：入境隨俗，儘量配合對方的生活習慣，雙方能有此等共識，姻緣自然順利無礙。婚姻一段時間之後，難免產生七年之癢的錯覺，試著調整平日刻板的生活，找出一些可以怡情的樂趣，共同培養第二春的美滿，才不至於失去婚姻的新鮮感。

※商業經營：縱然大眾都在從事的投資，你自己也覺得此種行業很有前途，卻仍然要小心謹慎，如果你能一直保持誠信無欺，職場上不至於太大的失誤。

※考運：不要偏信猜題的謠傳，憑你本身的實力，考場上會有好成績。以後仍應再接再厲，不要投機取巧。

※求職：不要隨性而選錯行業，要以你本身的興趣和能力求職，會有賞識需要

你的職位。以後仍應不斷地努力，以求更上層樓。

第十八卦　山風蠱

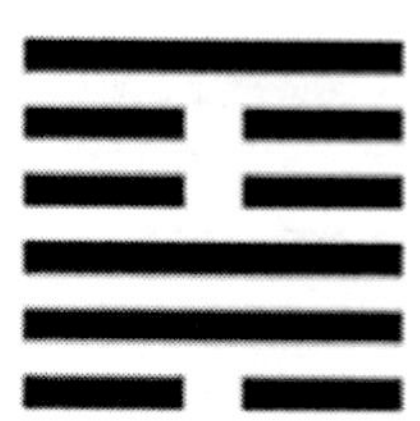

卦辭：蠱，元亨，利涉大川。先甲三日，後甲三日。

初六，幹父之蠱，有子，考無咎。厲，終吉。

九二，幹母之蠱，不可貞。

九三，幹父之蠱，小有悔，旡大咎。

六四，裕父之蠱，往見吝。

六五，幹父之蠱，用譽。

上九，不事王侯，高尚其事。

※運勢：不論是本身或是外在環境，事物都已經腐敗了，形勢險惡，各種事務之遂行都不順利。如果能從根本上使之暢通，如此才有助於涉險犯難。此一時期是多事之秋，前途也儘是一片茫然，凡事要能當機立斷，否則就要靜待事情明朗，不要輕易相信別人的意見。

※婚姻：磨難多，不論經濟上或是精神上，雙方都有格格不入之情形，姻緣難成。今後又學著從根本上體諒，儘量多看對方的優點，不要吹毛求疵，未來還有再續前緣之機會。

※商業經營：經營的方針難以確定，事業夥伴也難以配合，事業之經營不很順利。要學會經營之道，在事業上要能身先士卒，帶給公司上下一些鼓舞與榜樣，重新建立經營準則。

※考運：平日學習不很認真，難怪考場不會很順利。以後應當按部就班地學習，希望下一次考場能夠順利。

※求職：求職不順利。以後要從根本上學習，努力研究職場上所要的知識。

第十九卦　地澤臨

卦辭：臨，元亨利貞。至於八月有凶。

初九，咸臨，貞吉。

九二，咸臨，吉，無不利。

六三，甘臨，無攸利；既憂之，無咎。

六四，至臨，無咎。

六五，知臨，大君之宜，吉。

上六，敦臨，吉，無咎。

※運勢：有貴人來到。主吉象。在事業投資上，為貴人相助。在感情則有期待而至的歡喜感。但是，隱隱中感到有些自卑，可能很多地方都是別人的幫忙，今後應多加強本身的實力，才會生活得更自在。自卑感會造成潛在的危機，要事先因應準備，不要臨時陷入困境。

※婚姻：雙方能以甜言蜜語溝通，雖然不能指望長久恩愛，但是，能獲得了目前的婚姻。為了永遠長久之相處，還是以真誠相互對待為佳。

※商業經營：初期會有獲利。但若是為了長久之經營，務必事必躬親，唯有親身的投入，才能確實了解經營之內涵。

※考運：有一些實力，此次考試卻猜中了許多，考試成績不差。今後不能老是倚靠猜題，實事求是，多加強本身實力，才是長久之計。

※求職：事前已有探聽職場之需求，求職因而順利。今後仍應加強本身實力，期望更上層樓。

第二十卦　風地觀

卦辭：觀，盥而不薦，有孚顒若。

初六，童觀，小人無咎，君子吝。

六二，窺觀，利女貞。

六三，觀我生，進退。

六四，觀國之光，利用賓于王。

九五，觀我生，君子無咎。

上九，觀其生，君子無咎。

※運勢：此一時期，是個最標準的狀況卦，吉凶未定。亦即，凡事不可輕下決定，需要再觀察一下局勢再做打算。認真地學習他人之處事方法，以作為本身學習之借鏡。做事要以宏觀的角度去考量，借重友人的智慧，放手請他們幫忙。

※婚姻：雙方面之認識還不很清楚，不要草率做出決定。深入了解對方的家世、人品、生活習慣之後，再作進一步之考量。

※商業經營：市場狀況非常模糊，此刻之經營很難有把握，先暫緩考慮。多下工夫做市場調查，也要考慮合作者信譽狀況，不要草率行事。

※考運：考運難以掌握，決定於平日是否參考過考古題。除了偏門的參考考古題之外，更應該深入學習知識的深度，未來的考試，還是要有真材實料為準。

※求職：可以找到一份職業，但是，不一定是理想的工作環境。未來應加強職場的工作需求，以備未來更進一步之規劃。

第二十一卦　火雷噬嗑

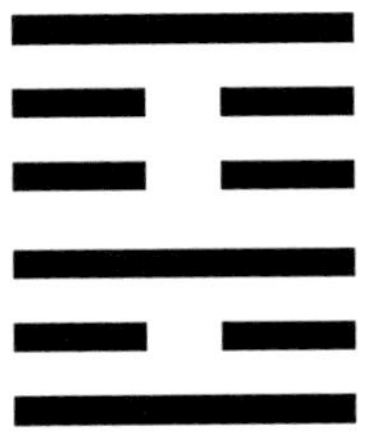

卦辭：噬嗑，亨，利用獄。

初九，屨校滅趾，無咎。

六二，噬膚，滅鼻，無咎。

六三，噬臘肉，遇毒；小吝，無咎。

九四，噬乾胏，得金矢；利艱貞，吉。

六五，噬乾肉，得黃金；貞厲，無咎。

上九，何校滅耳，凶。

※運勢：任何事物都在雷電夾擊之下而粉碎，有些事務如鯁在喉、一時難以決策。運勢之吉凶未定，是個狀況卦，有點偏小凶。也如同「雞肋」一般，食之無味、棄之又可惜！但是，你的生命力強，希望能繼續堅守奮鬥，百折不撓，不斷充實自己，突破超越提升。

※婚姻：雙方都要求對方和自己都很高，因而經常發生爭執，而且各不相讓，婚姻難以和諧。日後唯有持續地充實自我，把堅持朝向大格局，不必硬是為了小事而爭執不休。

※商業經營：經營上發生了意見上的爭執，外界的環境也是有些混亂，短時間難以消弭這些橫生的干擾。建議以後能放下身段，多接納別人的意見，儘量朝向正面思考。

※考運：思緒紊亂考不好是正常的現象。需要靜下心，重頭收拾課本，不要灰心，機會還會再來的。

※求職：未能掌握住職場上的需求，求職時也未能充分發揮出自己的特長，求職困難。宜專心一意地為前途努力，不要因為環境的紊亂，影響了上進的企圖心。

第二十二卦　山火賁

卦辭：賁，亨，小利，有攸往。

初九，賁其趾，舍車而徒。

六二，賁其須。

九三，賁如，濡如，永貞吉。

六四，賁如，皤如，白馬翰如；匪寇，婚媾。

六五，賁于丘園，束帛戔戔；吝，終吉。

上九，白賁，無咎。

※運勢：雖然已經有心地修飾，但是，偽裝的外表並不真實，此時的事業投資、感情皆不宜。茲後要慎防有心的小人，宜多重精神，輕物質，朝向藝術文學專才發展，追求理想。這段期間的做事要求務實、按部就班，不要好高騖遠，否則容易弄巧成拙。

※婚姻：外表修飾得很華麗，也是眾人稱羨的一對，但似乎只是表面功夫，雙方並未真正地誠心誠意。記住，“永遠堅守正道，便可獲得吉祥”，夫妻之道雙方都不要耍心機。

※商業經營：經營者與對方能保持著表面上的和氣，一時難以真心對待，因此，經營合作還只停留在小的格局，在往上的發展還需要重新評估。建議，人與人之間要以誠相待，這樣才能維持長久的互信。

※考運：成績尚可，卻未達到非常理想的程度。今後應腳踏實地努力學習，不要只做表面上應付考試的粗淺功夫。

※求職：表面上一表人才，但是實力並不出色，求職可以成功，卻不很理想。建議，文質要彬彬，也就是踏實地學習，將來會有出人頭地的一天。

第二十三卦　山地剝

卦辭：剝，不利有攸往。

初六，剝床已足，蔑貞兇。

六二，剝牀以辨，蔑貞，凶。

六三，剝之旡咎。

六四，剝牀以膚，凶。

六五，貫魚，以宮人寵，旡不利。

上九，碩果不食，君子得輿，小人剝盧。

※運勢：此時是陰氣滋長，逼退陽氣，小人逼退君子，陽氣已被剝除殆盡，卜到此卦，不宜行事，應當設法避難，此時的行動會產生不利。但是，勿忘在逆境中能夠快速地茁壯，只要不氣餒，苦盡甘來的日子不會太遠。這段期間做事要小心謹慎，凡事要低調、忍耐，等待過了這段期間再考慮發展。

※婚姻：兩人之感情已經開始剝落了，雖然剛開始發生爭執，兩方卻並不很在意，這會再產生更多的爭吵，姻緣難以持續。雖然處於混亂的狀態，但是也要勇敢去面對，並且勇於承認過去的錯誤，雙方解開誤會之後，就可以再避免不停地爭吵。

※商業經營：經營與投資者之間難以成共識，合作不成，經營困難。雖然身處剝落的環境裡，卻希望能追隨一位專家，聽聽專家的意見，解開目前混亂的困境。

※考運：千頭萬緒考試無從準備，考試不理想，是所當然。但是，不能就此灰心喪志，應該積極重新準備課業，未來還有很好的機會。

※求職：準備不足，求職不很順利。但是，勿忘在逆境中能夠快速地茁壯，只要不氣餒，苦盡甘來的日子不會太遠。

第二十四卦　地雷復

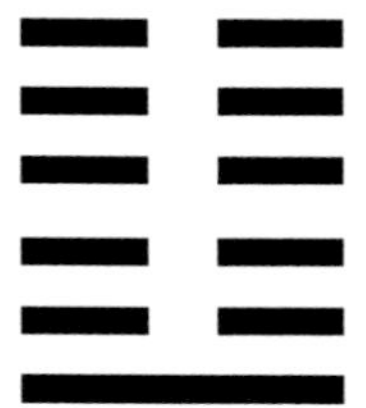

卦辭：復，亨，出入旡疾，朋來旡咎，反復其道，七日來復，利有攸往。

初九，不遠復，無祇悔，无咎。

六二，休復，吉。

六三，頻復，厲，旡咎。

六四，中行獨復。

六五，敦復，旡悔。

上六，迷復，凶，有災眚，用行師，終有大敗，以其國君，凶，至于十年不克征。

※運勢：目前的狀態象徵的是「動」、「春天」、「生機」，一切的生機藏在地底下，萬物冬眠之象。冬眠雖然表面上看來是一片死寂，但卻是暗藏無限生機。企業開始復甦時期，一切都會順利，無論進出、朋友來往都非常平安，無災無難。但是，經營要小心奕奕，不要偏離正軌太遠，以免無法拉回到正常路線。

※婚姻：雙方雖曾有所摩擦誤會，但是尚幸很快就能互相體諒，婚姻不會有困難。

※商業經營：剛開始時的經營，曾經小有誤失，幸好能很快地恢復正常，損失不算太大。休息是為了走更長遠的路，而且要記取教訓，經過這次生聚教訓，再整頓出發，這是很好的規劃。

※考運：曾經多次考試失敗的教訓，已經有所反省，此次考運已有進步。讀書仍以不偏不以為重，多累積讀書的基礎，未來的成就會更好。

※求職：過去的求職可能都不很順利，累積多次的經驗，漸漸已能掌握求職的要領，此次開始受到企業的賞識。穩定中，仍然不要忘記努力。

第二十五卦　天雷無妄

卦辭：無妄，元亨利貞。其匪正有眚，不利有攸往。

初九，无妄，往吉。

六二，不耕穫，不菑畬，則利有攸往。

六三，无妄之災。或繫之牛，行人之得，邑人災也。

九四，可貞，无咎。

九五，无妄之疾，勿藥，有喜。

上九，无妄行，有眚，无攸利。

※運勢：天有不測風雲，行為不正就有天災、人禍。但是，只要做人處世，以誠待人必能感化四方，行事不以正道、心意不誠，則無法長久事業。這段時間，做事容易不專心，導致事情進行緩慢，要敬業認真，凡事慎重考慮後再去做。

※婚姻：雙方交往，只問耕耘不求收穫，如此踏實的對待對方，就必有意想不到的良好姻緣。若是，各懷其他意圖，縱然一時的美滿婚姻，也難以維持長久。

※商業經營：與人合作要能做到「真誠無偽」，否則經營難以持久。要改變心態，合作是長遠的計畫，不能只見到眼前的小利益而已。

※考運：考試要靠平日用功的實力，縱然很認真，讀書不踏實，考試也不會理想。積極認真才是長久之道。

※求職：準備不周延，應徵事業未能理想。除了內心的真誠之外，也要提出令人信服的工作計畫，才能在職場上出人頭地。

第二十六卦　山天大畜

卦辭：大畜，利貞，不家食，吉，利涉大川。

初九，有厲，利已。

九二，輿說輻。

九三，良馬逐，利艱貞，曰閑輿衛，利有攸往。

六四，童牛之牿，元吉。

六五，豶豕之牙，吉。

上九，何天之衢，亨。

※運勢：當國家社會處在生聚教訓的時刻，國家會長期有規劃地擴大招納人才，要把握機會，成為造福社會的人才。但是，時事在詭譎地變動著，首先要充實本身實力，可以借鏡前人之經驗，幫助自己度過難關，只要腳踏實地去做，隨時準備好時機的到來。

※婚姻：雙方交往之初，個性與習慣尚未適應，難免會有摩擦與爭執，當磨合期過後，救護互相適應，感情進入佳期。互相忍讓與尊重，是維持長久婚姻的條件。

※商業經營：市場狀況紊亂，經營一時難以適應，與合作朋友之間也還在磨合期，但是已經日漸好轉。謹慎評估市場，多下工夫以備萬一，與人合作也不要忘了誠信之原則。

※考運：準備功夫尚未充份，雖然考試成績差強人意，卻不是很理想。日後仍應積極加強學識，以待未來的上進考試。

※求職：求職有機會卻不是理想的職位。加強專業知識，配合業界需求，才是未來發展之途。

第二十七卦　山雷頤

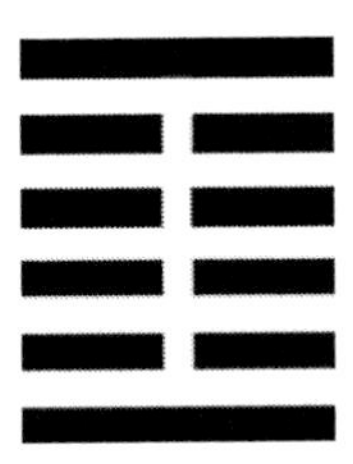

卦辭：頤，貞吉，觀頤，自求口實。

初九，舍爾靈龜，觀我朵頤，凶。

六二，顛頤，拂經，于丘頤，征凶。

六三，拂頤，貞凶，十年勿用，无攸利。

六四，顛頤，吉。虎視眈眈，其欲逐逐，无咎。

六五，拂經，居貞吉，不可涉大川。

上九，由頤，厲，吉，利涉大川。

※運勢：環境小小的平順，雖然是吉象，卻隱含著一點凶氣，做事的進展並不如想像，行事與言談要注意，宜採取保守的態度，小心小人危害。平日注意外界環境的變化，對情勢需要再充實、瞭解，不要貿然的就下任何的決定。

※婚姻：雙方的個性尚未完全模透，習慣未能適應，交往初期會有一些摩擦。放下身段，以同理心多多互相體諒，未來會有幸福。

※商業經營：所經營之行業並不十分熟習，市場狀況不明朗，不宜貿然投入。多學習，從經營之基本開始，雖然辛苦卻是未來會值得的代價。

※考運：尚未完全摸透考試的方向，考試成績平平。應加強學術之基本，考運只能維持一小段時間。

※求職：可以找到職業，卻未必是理想的工作環境。加強職場的認知，針對職場之需求，做好充份的準備。

第二十八卦　澤風大過

卦辭：大過，棟橈。利有攸往，亨。

初六，藉用白茅，旡咎。

九二，枯楊生稊，老夫得其女妻，旡不利。

九三，棟橈，凶。

九四，棟隆，吉，有它吝。

九五，枯楊生華，老婦得其士夫，旡咎旡譽。

上六，過涉滅頂，凶，旡咎。

※運勢：處事不周詳，不小心就會犯下大錯，此一現象不很吉利。諸事不順，切忌此時作任何的決策。但是，不用放棄自己，靜下心來，努力找出問題之所在，儘快解決才是扭轉劣勢之道。

※婚姻：雙方過於謹慎，缺乏浪漫情調，感情不容易昇華。放棄原先的拘泥，放輕鬆一些，會得到另一種婚姻的美滿。

※商業經營：理想太高與實際情形不能配合，以致經營與人際的合作不能順利。放下身段，配合現實生活，凡事多替對方想一想，就能得到互諒的配合。

※考運：考試的範圍與自己的想像有落差，因而考試不順利。不能僅憑猜題，要充實準備，以實力才能考出理想的成績。

※求職：職場上的需求與想像有落差，求職不很成功。加強學識智能，已被未來還有出人頭地，找到更理想的職位。

第二十九卦　坎為水

卦辭：習坎，有孚，維心亨，行有尚。

初六，習坎，入于坎窞，凶。

九二，坎有險，求小得。

六三，來之坎坎，險且枕，入于坎窞，勿用。

六四，樽酒，簋貳，用缶，納約自牖，終无咎。

九五，坎不盈，祇既平，无咎。

上六，係用徽纆，寘于叢棘，三歲不得，凶。

※運勢：外在環境混亂，困難已到來了，像是被水淹逆了一樣，此時正在掙扎中，隨時會被淹滅而破散。但是，若能破釜沈舟、奮力一擊，或許尚有轉機，需積極尋求貴人，謹慎防範疏失、預先準備應對之策，不宜插手他人事物，才會有生機。

※婚姻：雙方的感情都很不順利，有很多干擾的問題，婚姻情況不理想。調整心態，還可以解決一部份小爭執。

※商業經營：經營與合作都不很順利，與人合作最重要的是誠意，試著朝這個角度調整心態。

※考運：學習並不很認真，考試成績也不會很好。要試著改變人生的態度，痛下心來用功讀書，書中自有黃金屋。

※求職：本身的實力不強，求職也不順利。不必絕望，人生路程還很長，隨時開始都來得及。

第三十卦　離為火

卦辭：離，利貞，亨，畜牝牛吉。

初九，履錯然，敬之，无咎。

六二，黃離，元吉。

九三，日昃之離，不鼓缶而歌，則大耋之嗟，凶。

九四，突如其來如，焚如，死如，棄如。

六五，出涕沱若，戚嗟若，吉。

上九，王用出征，有嘉，折首，獲匪其醜，无咎。

※運勢：人生中充滿著智慧、明亮、溫暖，似乎是一個活力十足的人生。但是，大好大壞之象的底下，也由於存在著過度的熱，顯示出溫暖不足，今後宜把部份關心放在周遭的朋友身上。當你發現事情已有好的轉機時，更要小心接下來會有意外事情發生。

※婚姻：雙方都充滿著熱情，每天都熱力十足地互相黏著對方，感情很好，婚姻十分美滿。但是，不論多麼過度的熱情，總有熄滅的時候，此時應調整心態，把過度的熱情，適度地改為相敬如賓，如此可以維持更久的美滿。

※商業經營：商業市場非常火紅，經營非常順利。需要謹慎，不要被勝利沖昏了頭，要穩紮穩打，要規劃走更長遠的路。

※考運：考試很順利，實力也很不錯。茲後不要被一時的勝利沖昏了頭，還要繼續用功學習。

※求職：職場上很順利，企業也很需要你這種人才。好的開始是成功的一半，希望能繼續鑽研職場的需求，以不斷的努力，爭取未來更好的成績。

為便於查詢所卜卦之內涵，茲將各卦名及其在後天六十四卦之排序陳述如下：

第三十一卦　澤山咸

卦辭：咸，亨，利貞，取女吉。

初六，咸其拇。

六二，咸其腓，凶，居吉。

九三，咸其股，執其隨，往吝。

九四，貞吉，悔亡。憧憧往來，朋從爾思。

九五，咸其脢，旡悔。

上六，咸其輔頰舌。

※運勢：與內外在環境，或是交往之朋友，都能兩情相悅、互有好感，顯示前途非常順利，終日生活在喜悅的情形下。然而，與朋友相交，若是出於正道，內心誠意，才能水到渠成，雙方感情可以長久以往，可以長久結為好友，吉祥如意；若是本身不注意言行，這段時期容易在人際關係上發生問題，因此，宜多尊重他人，調整身心、放低姿態。

※婚姻：雙方的感情一步一步的增加，姻緣自然而然地成熟。然而，兩人感情相互交感，要能正心誠意才會吉利，才不會因而失去了感情日後後悔。如果心意不堅，也會影響到對方的思慮，也會跟著搖擺不定。

※投資事業：無論在事業上或是合夥的朋友上，相互都能感應得舒暢，合作很順利。但是，若是往後忘卻了自己的志向，隨有合夥只能免於悔吝而以，中視無法成就大事業。

※考運：考試就像是你的好朋友一樣，很順利，考前猜題也都能猜中。但是，做學問終是要深耕紮根才是，才能有長遠學業的深入。

※求職：求職順利，與企業的主管們都能洽談愉快。勿忘職場之抱負，應以專

長取得成功才是正道。

第三十二卦　雷風恒

卦辭：恒亨，旡咎，利貞，利有攸往。

初六，浚恒，貞凶，旡攸利。

九二，悔亡。

九三，不恒其德，或承之羞，貞吝。

九四，田旡禽。

九五，恒其德貞，婦人吉，夫子凶。

上六，振恒，凶。

※運勢：上下都能相互配合，運勢不錯，是個吉祥的態勢。但是，做事要有恆心，也要堅守正道才會順利，才會有細水長流的長遠利益。這段期間要固守原則，不要受到外在環境之影響，凡事以守成為宜。

※婚姻：一個是震為動，一個是巽為順，一動與一順之結合，這是互補之搭配，姻緣匹配可以長久不變。但是，若是不能維持原有之美德，途中改變了節操，就會因而遭受到羞辱。

※投資事業：雙方能夠互補配合，合作可成。但是，做人做事要持之以恆，原本已經穩固的事業，若是開始了浮動，行為意志有所動搖，違背了過去的慣例，就會因此而動搖了既有的根本，結果必凶。

※考運：能持續地用功讀書，考試成績很好。但是，讀書要改變過去不積極的態度，才能趨吉避凶。

※求職：求職順利，一切都能配合。但是，以後也仍然要保持學習的精神，才能在職場上出人頭地。

第三十三卦　天山遯

卦辭：遯，亨，小利貞。

初六，遁尾，厲。勿用有攸往。

六二，執之用黃牛之革，莫之勝說。

九三，係遯，有疾，厲，畜臣妾吉。

九四，好遯，君子吉，小人否。

九五，嘉遯，貞吉。

上九，肥遯，无不利。

※運勢：外在環境中，可能有小人、或障礙、陰謀在破壞中，一切事項均需停止下來。若是能逃的遠，隱居得很好，因此就可以遠離了災難與小人，以後卻會因此而吉祥。

※婚姻：對方是天高高在上，你是高山，山將天空遮蔽，天空像是隱去一般，雙方的相處都不愉快。若是雙方能各讓一步，互相體諒，才有可能成就姻緣。

※投資事業：企業之合作，雙方的認知有些差距，一時難以成功。未來仍應保持原先的理想與規劃，未來還會有合作之機會。

※考運：考題與想像差距太遠，考運不佳。未來應從根本上努力，不要心存投機猜題的想法。

※求職：求職的心態與現實有些落差，你的想法未必是企業之所求。積極地學習企業的應對知識，以備未來職場上，重頭再有表現。

第三十四卦　雷天大壯

卦辭：大壯，利貞。

初九，壯于趾，征凶有孚。

九二，貞吉。

九三，小人用壯，君子用罔，貞厲，羝羊觸藩，羸其角。

九四，貞吉，悔亡。藩決不羸，壯于大輿之輹。

六五，喪羊于易，无悔。

上六，羝羊觸藩，不能退、不能遂，无攸利，艱則吉。

※運勢：由於你的理直氣壯、聲勢壯大，因而，陽氣強盛，往往會顯得得理不饒人的氣勢。雖然，陽氣旺盛，但是你要貞靜守正，要懂得謙虛禮讓，如此才能不招人怨。此段時期要留意，不要過度自我膨脹，但是也不必過份過於保守，要能抓住機會。

※婚姻：雙方都自認為理直氣壯，互不相讓，由於都是氣勢凌人，不易相忍成就姻緣。若是，雙方都能多想一想對方的好處，多一些體諒，或許還可以有機會復合。

※投資事業：由於雙方的姿態都很高，合作不容易。應該放下身段，以市場之形勢為考量，不要再拘泥固執己見，合作還有可能。

※考運：讀書只有三分鐘熱度，基礎不紮實，考試成績不太理想。為了長遠之成就，要定下心來，認真地從基本上學習。

※求職：不上不下，在沒有十分的把握之前，不宜更換跑道。還是要加強本質的訓練，只要有真本事，不怕沒人爭相聘請。

第三十五卦　火地晉

卦辭：晉，康侯用錫馬蕃庶，晝日三接。

初六，晉如摧如，貞吉。罔孚，裕无咎。

六二，晉如愁如，貞吉，受茲介福，于其王母。

六三，眾允，悔亡。

九四，晉如鼫鼠，貞厲。

六五，悔亡，失得勿恤，往，吉无不利。

上九，晉其角，維用伐邑，厲吉无咎，貞吝。

※運勢：運勢如日中天，經常出現在公眾場合，不論事業、感情或學業，都有令人稱羨的收穫。但是，此時切忌驕傲自狂，否則就等於開始了自我毀滅，此時之行為更要小心、要確實堅守正道。

※婚姻：雙方的程度與期望都能一拍即合，相愛成婚自然而然。但是，也要注意不要招惹不必要的是非，還是以貞靜保守為要。

※投資事業：市場環境和投資夥伴的配合度都很好，企業經營非常順利。仍應注意，不可得意忘形，以免招忌。

※考運：考運很好，考試成績很好。未來還是要穩中求進步，完全靠運氣，終究不是長久之計。

※求職：有朋友幫忙，求職順利。未來要自我加強職場的訓練，求人不如求己。

第三十六卦　地火明夷

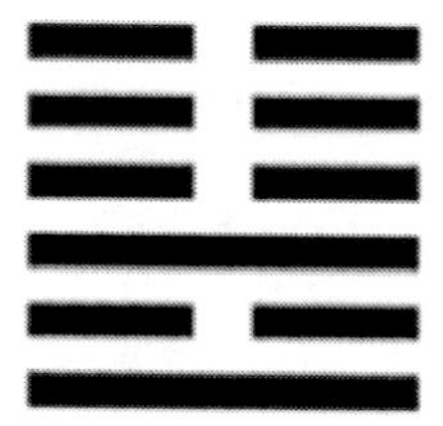

卦辭：明夷，利艱貞。

初九，明夷于飛，垂其翼。 君子于行，三日不食，有攸往，主人有言。

六二，明夷，夷于左股，用拯馬壯，吉。

九三，明夷于南狩，得其大首，不可疾貞。

六四，入于左腹，獲明夷之心，出于門庭。

六五，箕子之明夷，利貞。

上六，不明晦，初登于天，后入于地。

※運勢：外在環境的陽氣被陰氣所傷害，被小人所重傷，此時諸事不宜，運氣最背之時。當光明隱沒之時，君子縱然一時無法出人頭地，也要堅守正道、克服艱難，正義終有出頭的一天。

※婚姻：雙方中有一方的運勢不很理想，因而，影響了感情的進行，雙方家中或是朋友，也有閒言閒語的情形出現。為了維護愛情，縱然外在環境艱辛，也要堅持到底，不要灰心，最終能把婚姻幸福到手。

※投資事業：經營事業可能市場環境不理想，也可能合夥人的意見有變，暫時不容易合作成功。不要放棄既有的基礎，與合夥人要一本初衷，誠心對待，密切注意市場時機，未來仍有投資成功的機會。

※考運：考試的題目與你平日熟悉的反為不很相同，考試成績不太理想。未來要從基本上認真學習，只要根本有料，不論出什麼題目，也可以答題順利。

※求職：你的專長暫時沒能表現出來，此次的求職不很順利。充實實力，注意市場的變化，等待時機的到來。

第三十七卦　風火家人

卦辭：家人，利女貞。

初九，閑有家，悔亡。

六二，無攸遂，在中饋，貞吉。

九三，家人嗃嗃，悔厲吉；婦子嘻嘻，終吝。

六四，富家，大吉。

九五，王假有家，勿恤吉。

上九，有孚威如，終吉。

※運勢：家中有女人賢慧，治家有方，所以能讓男人無後顧之憂的在外努力。能將家內的事處理得完善，你的事業就會順利；若處理不好，則一切都不好，很可能內憂外患一起發生，在此種情形下，應該先處裡內憂的問題、調整自己的心態，當內部問題已經解決了，外部的問題也就會迎刃而解。。

※婚姻：雙方都能相敬如賓，姻緣得配。但是，再完美的家庭，仍然會有意想不到的事件發生，平日多關注、體貼對方，保持愛情美滿不致生變。

※投資事業：事業合作非常順利。仍應注意市場之變化，人算不如天算，多一分算計，少一分災禍。

※考運：考運不錯。但是，學問之道要穩紮穩打，能和亦有互相切磋，相信更有進益。

※求職：有貴人幫助，求職順利。在職場上莫忘積極求進，以免辜負推薦的貴人。

第三十八卦　火澤睽

卦辭：睽，小事吉。

初九，悔亡，喪馬勿逐，自復。見惡人，无咎。

九二，遇主于巷，无咎。

六三，見輿曳，其牛掣，其人天且劓，无初有終。

九四，睽孤，遇元夫，交孚，厲无咎。

六五，悔亡，厥宗噬膚，往何咎。

上九，睽孤，見豕負塗，載鬼一車。先張之弧，後說之弧。匪寇婚媾，往遇雨則吉。

※運勢：睽卦的意思為乖離，人與人相互見外，彼此涇渭分明。這是段不順心的時期，同牀異夢、各走各的路、道不同不相為謀，雙方既已人情乖離，不可能再談合作事宜，自行努力做些規模小的事業，努力認真也還會有些好成績。此時應該多聽一些別人的意見，不要隨意排斥他人，多想一想別人的好處，不要急著出頭。

※婚姻：雙方各懷主見，一時難以溝通。應該敞開胸懷，坦誠佈公地溝通，多想對方的優點，姻緣會再產生。

※投資事業：時運不能配合，與合夥人的意見不和，事業一時發生困頓。應虛心地檢討，儘量不要堅持太深，否則無法繼續溝通。

※考運：準備的範圍與考試的內容相距甚遠，考試不理想。學問不只是憑一次考試，要深耕學問，就不要只是以猜題形式而已。

※求職：未能充分了解職場的需求，本身條件也不充份，求職不理想。加強本身職場知能，以備未來另一條職場的發展。

第三十九卦　水山蹇

卦辭：蹇，利西南，不利東北；利見大人，貞吉。

初六，往蹇，來譽。

六二，王臣蹇蹇，匪躬之故。

九三，往蹇，來反。

六四，往蹇，來連。

九五，大蹇，朋來。

上六，往蹇，來碩，吉；利見大人。

※運勢：現在的處境非常艱辛困苦，如同在冰天雪地中赤足而行，卻又不能放守不管，只能硬撐到底。此時雖是無奈，但也總有苦盡甘來的時刻，一定要堅持到底，要等待時機的到來。

※婚姻：雙方互相無法溝通，感情難以進展。這是由於見面機會太少，也可能太拘束，不能放開胸懷談心，只要能把心放下來，感情就會自然地增長了。

※投資事業：事業不很順利。要靜下心來，仔細檢討成敗得失，不要完全怪罪別人，多多自我檢討，虛心之後，就會贏得朋友的好感。

※考運：運氣不好，答題不順利，考試成績不理想。不要放棄，即刻起，立下決心再接再厲，會有好成績的。

※求職：運氣不佳，謀職的單位不是本身的專長，而且單位中的熟人，一時都在場，因而謀職不順利。仍應繼續努力，針對企業之需求，加強本身職能的進修，相信以後會有好的表現。

第四十卦　雷水解

䷧

卦辭：解，利西南，無所往，其來復吉。有攸往，夙吉。

初六，无咎。

九二，田獲三狐，得黃矢，貞吉。

六三，負且乘，致寇至，貞吝。

九四，解而拇，朋至斯孚。

六五，君子維有解，吉，有孚于小人。

上六，公用射隼，于高墉之上，獲之，无不利。

※運勢：原先的困境已經解決了。但是，冰凍三尺非一日之寒，事出有因、但已是到該解決的盡頭了！只是化解之日還很長，今後要抓住重點方向，好好努力堅持下去，還是有可能再成功的。

※婚姻：雙方之間原有的一些誤會，已經慢慢地解除了，婚姻的關係已漸有起色。但是，行事仍是要繼續保持收斂。縱然是自認為很對的事，也不需要斤斤計較。

※投資事業：前一陣子的事業經營非常辛苦，局勢以漸漸好轉，與合夥人的意見也慢慢地趨向一致。仍應保持低調，不要過度自我膨脹，以免損害了原先維持的合作關係。

※考運：過去多次的考失敗，終於見到了曙光。未來仍應持續用功讀書，期望以後考試的成績更上層樓。

※求職：積極用心的結果，謀職有了好的機會。不要忘了幫助你的貴人，也不要忘了繼續的學習成長。

第四十一卦　山澤損

卦辭：損，有孚，元吉，无咎可貞，利有攸往。曷之用，二簋可用享。

初九，已事遄往，無咎，酌損之。

九二，利貞，征凶，弗損益之。

六三，三人行，則損一人；一人行，則得其友。

六四，損其疾，使遄有喜，無咎。

六五，或益之，十朋之龜弗克違，元吉。

上九，弗損益之，無咎，貞吉，利有攸往，得臣無家。

※運勢：進來的投資或是交友不慎，產生了一些挫敗，小有損失。然而，「塞翁失馬、焉知非福」當失意不順之時，仍然要有保持堅定的信心，學得經驗將可得到更好的結果。這段時期，不論在金錢或人力資源方面，都出現了匱乏的情形，因此，做任何事之前，都先要考慮本身的能量，不要做超過能力範圍之事。

※婚姻：曾經失去一位難得的伴侶，本來還在很難過得期間，卻又偶遇另一位更好的知心人，姻緣天成。難得來的情感，更要珍惜，不要耗費了機緣。

※投資事業：投資或是與人合作，初期會有一些挫折，經過一段時期的磨合，已經漸入佳境。不要荒廢了辛苦得來的機緣，要見好就收，不要得寸進尺。

※考運：考試成績普通，表示用功程度不夠，日後應再積極進取，以求得真正的學業進步。

※求職：過去幾次的求職都不順利，此次終於有了好的機會，求職差強人意。日後仍應積極努力，在本質上繼續鑽研，以求更上層樓。

第四十二卦　風雷益

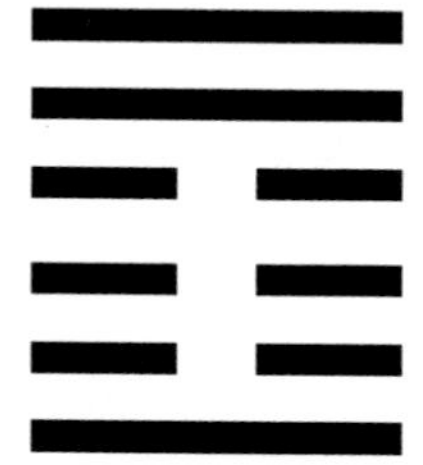

卦辭：益，利有攸往，利涉大川。

初九，利用為大作，元吉，無咎。

六二，或益之，十朋之龜弗克違，永貞吉。王用享于帝，吉。

六三，益之用凶事，無咎。有孚中行，告公用圭。

六四，中行，告公從。利用為依遷國。

九五，有孚惠心，勿問元吉。有孚惠我德。

上九，莫益之，或擊之，立心勿恆，凶。

※運勢：情勢漸漸轉入佳境，整體環境對於自己是有利的。朋友或環境，對於事業投資都有相當的幫助，可得貴人來相助、扶持。但是，一定要長久堅守正道，才能長保所獲之益。

※婚姻：為人忠厚，常能捨己為人，因此能博得對方的歡心，婚姻可成。永遠要記住，施比受有福，不要由於一點誤會，放棄了原先優良的堅持。

※投資事業：經營事業一向以誠待人，朋友也會以誠回報，與朋友合作順利。這種得來不易的默契，千萬要珍重，不要隨意地放棄。

※考運：由於本身的努力，考試成績很好。希望能再接再厲，平日不要疏忽了學業，下一次的考試能有更好的成績。

※求職：你的為人誠懇，也有貴人的幫助，求職順利。不要忘了貴人的提攜，也不要忘了為人真誠的優點。

第四十三卦　澤天夬

卦辭：夬，揚于王庭，孚號有厲。告自邑，不利即戎，利有攸往。

初九，壯于前趾，往不勝為咎。

九二，惕號，莫夜有戎，勿恤。

九三，壯于頄，有凶。君子夬夬，獨行遇雨，若濡有慍，無咎。

九四，臀無膚，其行次且。牽羊悔亡，聞言不信。

九五，莧陸夬夬，中行無咎。

上六，無號，終有凶。

※運勢：這段時期是暴風雨來臨前的寧靜，周遭充滿了危機四伏，你的處境不很順利，敗壞之勢已如決潰奔流而下，但是，事在人為，吉凶還未定。所遲疑的事情，一定要有個決定不能再拖延，否則在有所拖延，就成凶象了。

※婚姻：個性剛強，卻無法爭回自尊心，雙方難以繼續前緣。婚姻不同於戰場作戰，不必非要爭個你死我活，難得糊塗一些，大事化成小事，才會有姻緣成配的機會。

※投資事業：與合夥人的意見不同，雙方又不能放下身段，各持己見，難以繼續合作。為了長遠事業的發展，應該多聽一聽對方的意見，要客觀而不是意氣之爭。

※考運：準備考試期間，由於辛勞而心情不佳，因而考試成績並不理想。靜下心來，多想一想前景，希望就在你的手上，不要為了一點挫折就放棄。

※求職：時運機會不好，求職不順利。不要自暴自棄，繼續認真學習，而且要注意修心養性，控制住容易爆發的情緒，不要因此結下無謂的壞朋友。

第四十四卦　天風姤

卦辭：姤，女壯，勿用取女。

初六，繫于金柅，貞吉，有攸往，見凶，羸豕蹢躅。

九二，包有魚，無咎，不利賓。

九三，臀無膚，其行次且，厲，無大咎。

九四，包無魚，起凶。

九五，以杞包瓜，含章，有隕自天。

上九，姤其角，吝，無咎。

※運勢：這段期間，心靈上難有一段安寧的時刻，許多事物不期而遇的發生了，這個不期而遇，會帶來意外之喜、也會帶來意外之災，需視動爻變卦吉凶來論斷。而，形勢仍然要謹慎，不要太貪心，慎防小人。

※婚姻：雙方見面非常浪漫，自己雖然多方的獻殷勤，卻是一直無法獲得青睞。過度的殷勤未必是件好事，調整心態，以同等心相互對待，也許容易獲得芳心。

※投資事業：表面上似乎商機無限，但當認真的開始進行，卻發現困難重重。重新設計發展之規劃，也許此次的挫折，正是轉機的開始。

※考運：自我感覺良好，但是有許多誤解了考題，因而成績不很理想。穩紮穩打，再重新加強基礎。

※求職：運氣有些不順，也許是根基不夠的原因。加強基礎根基，也積極做好人際關係，預先準備，不能只靠臨時報佛腳。

第四十五卦　澤地萃

卦辭：萃，亨。 王假有廟，利見大人，亨，利貞。 用大牲吉，利有攸往。

初六，有孚不終，乃亂乃萃，若號一握為笑，勿恤，往無咎。

六二，引吉，無咎，孚乃利用禴。

六三，萃如，嗟如，無攸利，往無咎，小吝。

九四，大吉，無咎。

九五，萃有位，無咎。匪孚，元永貞，悔亡。

上六，齎咨涕洟，無咎。

※運勢：各種事物都很順利地進行，也表示精華聚集之意。有經過挑選、或是在因緣際會下，而重新再一起共事的意義。事業公司，可能人事有需要再重新安排挑選過。此時最好與眾人團結一致，不要孤立自己，更不要有私心，否則原先的努力很容易泡湯。

※婚姻：雙方的個性與理想都能配合，婚姻美滿易成。不要因為高興過了頭，忽然忘卻了原有的承諾。

※投資事業：雙方的合作都有意願，事業進行順利。不要有私心，也不要太斤斤計較，以免損壞了有情。

※考運：事先準備得週到，考運也很好，成績很理想。一分耕耘一分收獲，未來也要不斷地努力，方能持續在學業上出人頭地。

※求職：認真勤奮，也有貴人賞識，求職順利。別忘了提拔的貴人，也不要疏忽了職場上的努力。

第四十六卦　地風升

卦辭：升，元亨，用見大人，勿恤，南征吉。

初六，允升，大吉。

九二，孚乃利用禴，無咎。

九三，升虛邑。

六四，王用亨于岐山，吉無咎。

六五，貞吉，升階。

上六，冥升，利于不息之貞。

※運勢：有計畫安排自己的人生，做事考慮周詳，待人謙和，追求新的知識。喜歡多彩人生，重生活品味。這是一個狀況卦，吉凶未定。尤其是在氣運的轉變中，將會顯現得很明顯。欲速則不達，應該循序漸進，此時雖然可以有一些計畫，但是時候未到，目前還不可執行。

※婚姻：雙方交往，已經獲得對方的允諾，婚姻可成。

※投資事業：雖然運勢已漸有好轉，但是時機尚未成熟，宜穩紮穩打，目前只能獲得一些小利。建立互信的機制，不是一天兩天就能見效，要有耐心，不要躁進。

※考運：努力已見成效，考試成績良好。仍應持續努力，未來要學習的事務，還有很多。

※求職：以往的努力和人脈的建立，使得求職順利。人情要長久保持，不要過河拆橋。

第四十七卦　澤水困

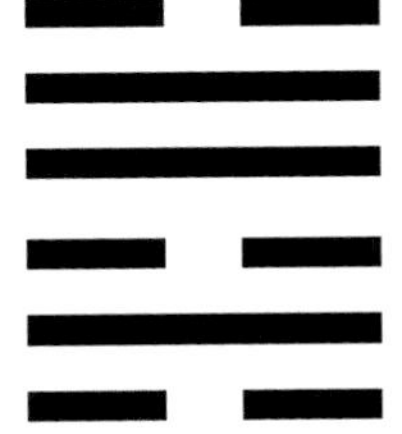

卦辭：困，亨，貞，大人吉，無咎，有言不信。

初六，臀困于株木，入于幽谷，三歲不見。

九二，困于酒食，朱紱方來，利用亨祀，征凶，無咎。

六三，困于石，據于蒺藜，入于其宮，不見其妻，凶。

九四，來徐徐，困于金車，吝，有終。

九五，劓刖，困于赤紱，乃徐有說，利用祭祀。

上六，困于葛藟，于臲卼，曰動悔。有悔，征吉。

※運勢：目前的運勢，發生了很大的困難、行動被困住了，而且四處無援，此時是非常困難的時刻。短時間的事務很難再有進展，唯有靜靜地等待時機，才是此時最好的選擇。

※婚姻：雙方的感情受困住了，一時難以解開，短時間無法成就婚配。因為自己的這段婚姻沒有信心，因而雙方感情難以進展，如果很想結成此一姻緣，就要堅定意志，並且強化信心，或許還有再續良緣之機會。

※投資事業：市場的商業狀況，不能滿足你的需求，事業經營不很順利。宜深入探討市場的走向，請教專家提供資訊。

※考運：考試成績不很理想。不能因此而灰心，仍應加強準備，再接再厲，以後還有機會。

※求職：人浮於事，準備不足，人際關係也未建立，求職不順。未來要再加強職場的實力，也要逐漸建立良好的人脈。

第四十八卦　水風井

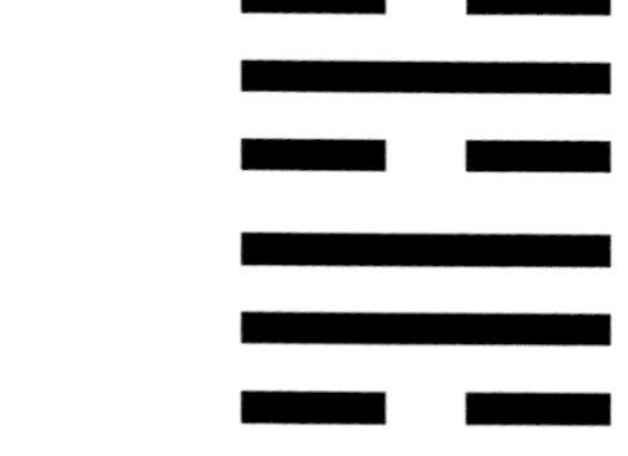

卦辭：井，改邑不改井，無喪無得，往來井井。汔至，亦未繘井，羸其瓶，凶。

初六，井泥不食，舊井無禽。

九二，井谷射鮒，甕敝漏。

九三，井渫不食，為我民惻，可用汲，王明，并受其福。

六四，井甃，無咎。

九五，井洌，寒泉食。

上六，井收勿幕，有孚無吉。

※運勢：在這一段時期間，無論環境或是身心，都會出現很大的變革。目前的運勢不成熟，雖然有小格局，僅能過活而已。心力有限，不能做太大的計畫。應該將視野開廣，增加遠視，開創新局面。

※婚姻：你的用心並未能感動對方，姻緣尚未得配。但是，你要持續保持誠心誠意，增加耐心，會有打動對方的時機。

※投資事業：辛苦的代價並不理想。要有耐心，努力學習企業之經營。

※考運：雖然已經很用功讀書，考試效果仍然不理想。未來不能放棄，再接再厲，考試成績會越來越好。

※求職：初起的求職並不順利，但是只要不氣餒，繼續加強職場的能力，求職的機會越來越廣。

第四十九卦　澤火革

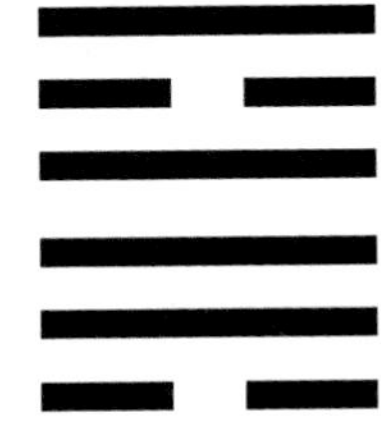

卦辭：革，己日乃孚，元亨利貞，悔亡。

初九，鞏用黃牛之革。

六二，己日乃革之，征吉，無咎。

九三，征凶，貞厲，革言三就，有孚。

九四，悔亡，有孚改命，吉。

九五，大人虎變，未占有孚。

上六，君子豹變，小人革面，征凶，居貞吉。

※運勢：此時的事務情況並不穩定、明朗，運勢千變萬化，是個不明朗的局勢。但是，只要有心改變，重新再來，成功機會就會增大。不要固執不化、不變通。在這一段期間中，若想要事業成功，必須要有貴人在旁協助。

※婚姻：你的個性喜歡求變，與對方的脾氣未必完全能接受，因而會發生爭執。要漸進式地變動，不要突變，以免對方難以接受。

※投資事業：原先的經營理念已經落伍，不太容易為新時代的消費理念所接受。為了長遠之發展，應該調整合乎市場需求之經營方式。

※考運：讀書的方式不很有效，事倍功半，因而考試成績不佳。學習有效的讀書方法，可以用最少的功夫，達到最高的績效。

※求職：求職時的態度和應對方式，已經不合潮流，因而求職運不好。未來應該停整心態，不用太謙虛，要認真地表達出自己優良的一面，或是另換工作職場，多一些選擇的機會。

第五十卦　火風鼎

卦辭：鼎，元吉，亨。

初六，鼎顛趾，利出否，得妾以其子，無咎。

九二，鼎有實，我仇有疾，不我能即，吉。

九三，鼎耳革，其行塞，雉膏不食，方雨虧悔，終吉。

九四，鼎折足，覆公餗，其形渥，凶。

六五，鼎黃耳金鉉，利貞。

上九，鼎玉鉉，大吉，無不利。

※運勢：這段時期，若是希望事業成功，就需要有貴人從旁協助。幸好，你的身旁有很多貴人在幫助你。事業投資應與人合夥為佳，諸事可在平穩中發展，整體運很吉祥。

※婚姻：兩人之匹配非常完美，天作之合。但是，人與人之間的相處，日久難免會有摩擦，唯有相互容忍，不要斤斤計較小事。

※投資事業：事業發展順利，與合夥人相處愉快，互相幫助進益良多。但是，不要高興過了頭，而疏忽了相互禮敬的態度。

※考運：考試成績很好。仍然不要荒廢了讀書的規劃。

※求職：求職時有貴人相助，求職順利。不要忘記了提攜之恩，業要認真地學習職場之要訣。

第五十一卦　震為雷

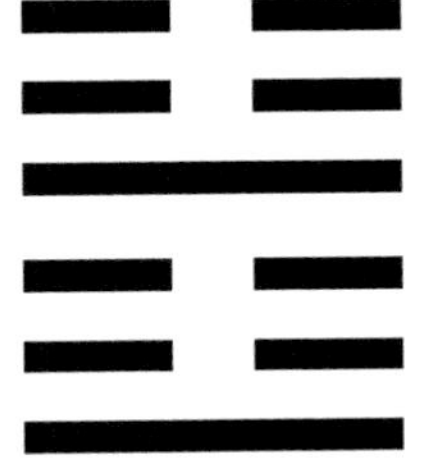

卦辭：震，亨。震來虩虩，笑言啞啞。震驚百里，不喪匕鬯。

初九，震來虩虩，后笑言啞啞，吉。

六二，震來厲，億喪貝，躋于九陵，勿逐，七日得。

六三，震蘇蘇，震行無眚。

九四，震遂泥。

六五，震往來厲，億無喪，有事。

上六，震索索，視矍矍，征凶。震不於其躬，於其鄰，無咎。婚媾有言。

※運勢：雷表示奮發、震動有衝動不安穩的現象。要注意意外血光，有被驚嚇之情形發生，卻是有聲無形虛象之意。這段時期會出現重大的變動，會讓你身心感到不安。注意，與人交往要小心，表面熱心卻只是虛應一番，不要過份地期待，否則會很失望。

※婚姻：兩人之戀情容易轟轟烈烈，但是也容易爭吵得很凶，容易影響婚姻之進行。建議，不要隨便聽從小人的挑撥，應該多聽從長輩的建議，提高耐性，互相忍耐體諒。

※投資事業：事業之經營過於急躁，人際關係不和諧，影響了生意之談判。但是，只要能靜下心來，慢慢地接受對方的建議，生意會有轉機。

※考運：心性過於急躁，考試成績不算理想。日後應加強心性之磨練，穩住個性，認真地準備功課，未來的考試會有進步。

※求職：性情不穩，求職時又忽略了溝通，求職不很順利。日後應自我磨練心性，也多學習人際關係之建立，謹慎行事，可以獲得較多的同意，求職將會更順利。

第五十二卦　艮為山

䷳

卦辭：艮，艮其背，不獲其身，行其庭，不見其人，無咎。

初六，艮其趾，無咎，利永貞。

六二，艮其腓，不拯其隨，其心不快。

九三，艮其限，列其夤，厲薰心。

六四，艮其身，無咎。

六五，艮其輔，言有序，悔亡。

上九，敦艮，吉。

※運勢：前途如同高山險阻，進退不得，無法行動自如。但是，當行則行、當止則止，不要受到外在環境之影響；對於所斷欲絕裂的事物，眼不見就不會受到感情所影響。此時要能冷靜思考解決問題的方法，諸事以低調行事為佳。

※婚姻：雙方的個性都很封閉，內心縱然喜悅，也不敢過份表露，姻緣一時陷入膠著。此刻應放下身段，拋離傳統的思維，大方地表露心懷，感情將會大大地開放。

※投資事業：個性保守，不敢大膽下手，終至於失去了商機。學習商場上的投資技術，或是請教專家，提高投資的勝算。

※考運：各方面都無法配合，考試不順利。未來，除了靠上天的眷顧之外，最主要的是要靠自己，勤加用功，只要真正的學到了學問，就不怕考題有多難。

※求職：求職時沒有花費太多的功夫準備，求職的成功機會不大。求職亦如同作戰，事前應多方規劃，知己知彼，要事先了解該企業之需求，加強準備，方能求職致勝。

第五十三卦　風山漸

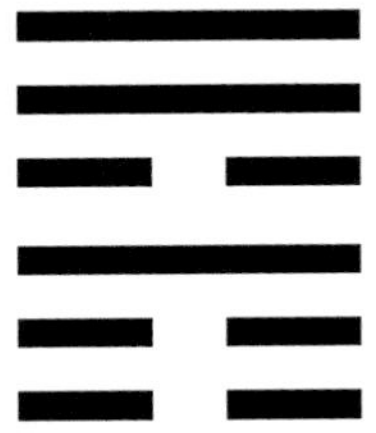

卦辭：漸，女歸吉，利貞。

初六，鴻漸于干，小子厲，有言，無咎。

六二，鴻漸於磐，飲食衎衎，吉。

九三，鴻漸于陸，夫征不復，婦孕不育，凶；利御寇。

六四，鴻漸于木，或得其桷，無咎。

九五，鴻漸于陵，婦三歲不孕，終莫之勝，吉。

上九，鴻漸于逵，其羽可用為儀，吉。

※運勢：運勢已經漸漸在好轉，好事慢慢在進行中，事業投資均能有收益，感情婚姻，更是結果收成歡喜結局之時。但是，一切要遵循常規，不可心急之意。由於剛剛進入佳境，行事不宜操之過急，一切事務要腳踏實地慢慢來，若是操之過急，可能會造成前功盡棄。

※婚姻：兩方有一方個性活潑，另一方個性保守，剛開始的交往，雙方還不容易接受對方，但是日子久了，已漸漸互相喜歡對方了。感情的事不可勉強，也不要太急躁，順其自然為好。

※投資事業：剛開始時，一切都還未上軌道，事業之經營並不順利，日久之後，已經慢慢地熟習經營之道了。經營事業的學問很深奧，要從經營中學習生存之道，要深入認真地向長輩學習。

※考運：多次的考場經驗已經學會了考試要訣，考試成績已有進步。除了靠考運之外，還是以腳踏實地學習，才識不怕火煉的真功夫。

※求職：多次求職之經驗，漸漸學會了應付之道，求職可以成功。若是為了尋求更理想的職業，今後仍然要不斷地努力。不緊學習理論，也要學習實務上的經營。

第五十四卦　雷澤歸妹

卦辭：歸妹，征凶，無攸利。

初九，歸妹以娣，跛能履，征吉。

九二，眇能視，利幽人之貞。

六三，歸妹以須，反歸以娣。

九四，歸妹愆期，遲歸有時。

六五，帝乙歸妹，其君之袂，不如其娣之袂良，月幾望，吉。

上六，女承筐無實，士刲羊無血，無攸利。

※運勢：你的有關投資、升遷、合夥，與男女之間的感情用事，大概都會有很大的關連。其中有關感情，或許是第三者的積極介入，或是自己一廂情願衝動的妄想，都可能會是影響你計劃的因素。此時應多加注意，找出真正的問題徵結之處，接受他人的意見，尋求高人相助，才能對症下藥解決問題。

※婚姻：表面上看起來很順利，越到往後，卻發覺還有一些其他問題存在。不要太任性，要有耐心，仔細的找出問題之所在，調整心態，儘量想著對方的好處，或許還有轉機。

※投資事業：表面上似乎合作順利，但是，越往後問題越多，與合作夥伴爭吵難免，發生了不愉快的爭執。要放下身段、調整心態，學習商場上的應對之道，再找商機。

※考運：考試的成績與自己想像的不一樣，難免心中鬱悶。考試不能靠猜題，準備不充份，答題無法切中要點，當然考試成績不理想。

※求職：很得意地表達出自己的能力，卻不為職場的歡迎，有些失望。職場上所需求的人才，要能夠替該企業帶來商機，如何能做到這一點，事前就應該多做功課，針對該企業所需，表現出你的實力。

第五十五卦　雷火豐

卦辭：豐，亨，王假之，勿憂，宜日中。

初九，遇其配主，雖旬無咎，往有尚。

六二，豐其蔀，日中見斗，往得疑疾，有孚發若，吉。

九三，豐其沛，日中見沬，折其右肱，無咎。

九四，豐其蔀，日中見斗，遇其夷主，吉。

六五，來章，有慶譽，吉。

上六，豐其屋，蔀其家，闚其戶，闃其無人，三歲不覿，凶。

※運勢：此時的運勢非常旺盛，任何事只要積極奮發，都可以成功，也最利於短期投資理財，感情方面也可以情投意合而速成。但是，不要得意忘形、樂極生悲，要知道收斂。

※婚姻：郎才女貌，天作佳偶。婚姻幸福，卻要知道愛惜。

※投資事業：外在環境配合，經營順利，內部的同仁也能互助合作。要珍惜打拼時候的情誼，不要因小事失去原則。

※考運：考運順利，成績很好。不要過分得意，還是不要忘記積極努力。

※求職：求職順利。不要辜負貴人的提攜，要以認真工作，作為回報。

第五十六卦　火山旅

卦辭：旅，小亨，旅貞吉。

初六，旅瑣瑣，斯其所取災。

六二，旅即次，懷其資，得童僕貞。

九三，旅焚其次，喪其童僕，貞厲。

九四，旅于處，得其資斧，我心不快。

六五，射雉一矢亡，終以譽命。

上九，鳥焚其巢，旅人先笑後號咷。 喪牛于易，凶。

※運勢：運勢起伏不定、不安穩，就像是旅行者，經常居無定所，事事皆在浮動之中，令人煩心的事很多。此時內心要保持平穩，不要急躁，多聽從長輩的意見，自可化險為夷。這段時期，周遭容易發生變動，隨時要有心理準備，以應付突來的狀況。

※婚姻：雙方都在浮動著，感情一時難以穩定。保持常態，不要灰心、不要難過，靜下來之後，就會明顯出愛情的方向。

※投資事業：市場上的變化莫測，勞心勞力也不見得有所收穫。不要喪失鬥志，待經濟的低迷期過後，會有再振作的機會。

※考運：平日讀書並不很認真，考試的運氣也不很好。日後仍應腳踏實地地用功，光靠運氣終究不能成功。

※求職：求職的運氣並不理想。不要灰心，利用機會充實自己，希望下次能再有表現。

第五十七卦　巽為風

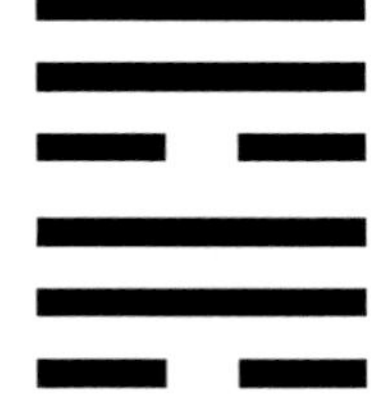

卦辭：巽，小亨，利攸往，利見大人。

初六，進退，利武人之貞。

九二，巽在床下，用史巫紛若，吉無咎。

九三，頻巽，吝。

六四，悔亡，田獲三品。

九五，貞吉悔亡，無不利。無初有終，先庚三日，后庚三日，吉。

上九，巽在床下，喪其資斧，貞凶。

※運勢：你的運勢就如同微風吹動萬物，萬物皆在照拂之下，而且都能通順而過，這是順利之現象，可能初期的微風力道不足，沒有明顯的感覺，但是久而久之，就會感覺出為風的作用。自己的能量不夠強的時候，需要借助貴人的援手，此時要切記要選擇順從、謙遜。

※婚姻：雙方的戀情也許不是多麼轟轟烈烈，卻是能夠緊緊地纏綿一處，姻緣成功不在話下。但是，切忌日子久了產生了厭惡，不要忘記當時的山盟海誓。

※投資事業：與人相處能令人感到舒暢，事業之推展也很順利。但是，做不到的事情，不要隨意承諾，以免損生了以往的信譽。

※考運：成績只能達到普通程度，用功度還不很夠。不可就此自滿，應該持續努力，希望以後還有更上進的機會。

※求職：感覺上積極度不太夠，希望能再加把勁，博取對方職場老闆的認同。不要過度放任自己，提起精神，勇往直前。

第五十八卦　兌為澤

䷹

卦辭：兌，亨，利貞。

初九，和兌，吉。

九二，孚兌，吉，悔亡。

六三，來兌，凶。

九四，商兌，未寧，介疾有喜。

九五，孚于剝，有厲。

上六，引兌。

※運勢：你的生活中充滿著歡欣喜氣，你以喜悅之情待人，別人也會以相同喜悅回報。但是，喜悅要發自堅貞，不是具有其他意圖的喜悅，這種喜悅才能長期永固。此段時期，雖然一切看來都很平順，但是，可惜的是都還在原地打轉，缺少突破，要能主動學習，主動尋求貴人相助，才會有突破之發展。

※婚姻：喜氣洋洋顯示好事將近。但是，都要珍惜目前的好緣份，不要因為戀愛的熱勁過後，終日要面對著一堆日常俗務，遺忘了朦朧的愛情。

※投資事業：商機與你的事業能夠配合，事業發展順利。切忌不要得意過頭，商場上有起有落，要時時準備經濟蕭條時機的備戰。

※考運：考試運氣很好。但是不能此而自滿，還是以札實的充實，才是長久上進之計。

※求職：求職的運氣很好，也有貴人相助。不要忘了貴人提攜之恩，也不要就此自滿，充實職場的能力，才有更長遠的發展。

第五十九卦　風水渙

卦辭：渙，亨。王假有廟，利涉大川，利貞。

初六，用拯馬壯，吉。

九二，渙奔其機，悔亡。

六三，渙其躬，無悔。

六四，渙其群，元吉。渙有丘，匪夷所思。

九五，渙汗其大號，渙王居，無咎。

上九，渙其血，去逖出，無咎。

※運勢：近日心神不寧、精神不佳，做事不能專心，有頹廢不振的運勢。此時應該定下心來，仔細探尋問題的發展脈絡，鼓起精神，抱定必勝之決心，運氣就可因而好轉起來。這段時期容易依賴他人，由於自己沒有

全心全力地投入工作，以致經濟上會有一些損失，但是，既然已經發生了這種情形，也不必過於焦躁，要穩紮穩打，先弄清問題的根源，再徐圖逐步改善。

※婚姻：雙方的個性差距太多，偶而聚攏的感情，很容易就會被無理的繁瑣事情所破壞。相互要學會忍耐，多體諒少抱怨，事情多項樂觀之處想，感情會再凝聚。

※投資事業：由於經濟因素，市場上的環境開始下滑，事業之經營有些阻礙。要調整經營策略，仔細規劃未來經營方向，不要貪圖短暫之利益，要有長遠之規劃。

※考運：讀書不能集中心力，考試成績未見理想。要將心志集中，檢討讀書的方法。

※求職：你的心態浮躁，求職雖然可成，但不理想。未能發揮實力，要針對職場之需求，積極探討如何才是職場上所需要的人才，要有積極向上的準備，以後會有更好的工作機會。

第六十卦　水澤節

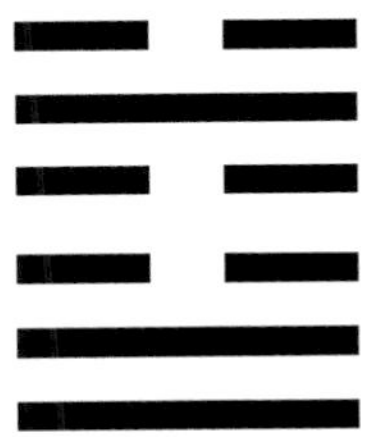

卦辭：節，亨。苦節不可貞。

初九，不出戶庭，無咎。

九二，不出門庭，凶。

六三，不節若，則嗟若，無咎。

六四，安節，亨。

九五，甘節，吉；往有尚。

上六，苦節，貞凶，悔亡。

※運勢：做事要有節制，才不會發生意外，吉凶端視你的處世態度。如果做事事有過於放縱之象，尤其是在金錢方面，就會造受無謂的損失，投資

理財也需節制。感情則要多留意自己的言行舉止，不要有過份之態或對對方過於放縱之勢。這段期間，可能會花費太多時間和精力，去處理一些不必要的雜務，要多注意節制。

※婚姻：雙方的個性不能完全配合，姻緣一時難以匹配。應該多觀察一陣子，相互多了解一些，試著接受對方的優缺點，姻緣還有可能再續前緣。

※投資事業：受到了一些波折，事業之經營不很順利。要隨時注意節制，不要盲從，更不要逞強。

※考運：生活環境太浮濫，難以節制用功讀書，考試成績不理想。要下定決心，建立讀書計畫，生活和行為不再放蕩，一切要有節制。

※求職：工作不容易找到非常適合的，要加強職場的自我訓練，把自己磨練成職場所需要的工作強人，這時候求職才會成功，而且如你所求。

第六十一卦　風澤中孚

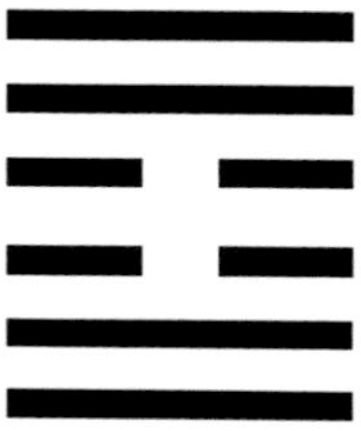

卦辭：中孚，豚魚吉，利涉大川，利貞。

初九，虞吉，有他不燕。

九二，鳴鶴在陰，其子和之，我有好爵，吾與爾靡之。

六三，得敵，或鼓或罷，或泣或歌。

六四，月幾望，馬匹亡，無咎。

九五，有孚攣如，無咎。

上九，翰音登于天，貞凶。

※運勢：此時期的運勢，端看自己的待人處世，若是為人處事一切以誠信為重，則事事皆可順利而行。但是，此處的誠信要發自內心之誠意，若是只是應付了事，必會遭受失敗。這段期間，容易因為做事猶豫不決，因而事情的進度難成。但是，也不要因此而急躁，要保持中庸，才是上策。

※婚姻：性情和善，與對方能相處愉快，琴瑟和鳴，天作之合。希望不要有移情別戀的行為，否則一切的幸福立時就消失了。

※投資事業：與投資合夥的夥伴能相處愉快，市場也很景氣，事業經營順利。不要得意忘形，這山看見那山高，胡亂投資風險很大。

※考運：考試成績很好。應該再繼續加強學業，找幾位志同道合的朋友一起努力，效果將會更好。

※求職：自己很努力，也有貴人相助，求職順利。勿忘初衷，為人要誠懇、務實，以後才會有更高階的發展。

第六十二卦　雷山小過

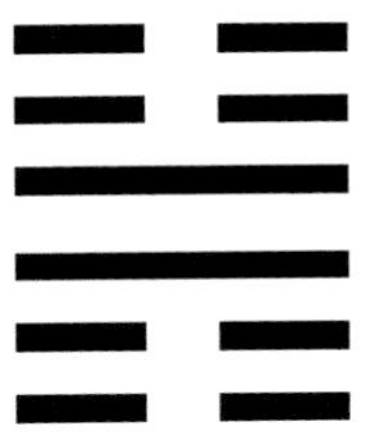

卦辭：小過，亨，利貞，可小事，不可大事。飛鳥遺之音，不宜上宜下，大吉。

初六，飛鳥以凶。

六二，過其祖，遇其妣；不及其君，遇其臣；無咎。

九三，弗過防之，從或戕之，凶。

九四，無咎，弗過遇之。往厲必戒，勿用永貞。

六五，密雲不雨，自我西郊，公弋取彼在穴。

上六，弗遇過之，飛鳥離之，凶，是謂災眚。

※運勢：此期間有志難伸，有如龍困淺灘，就像是犯了一個小的過錯，而被處罰。此時事實運不佳，你要有耐心的等候，凡事量力而為，不可躁進。此段時期，不宜有重大的計畫或發展，因為都是有志難伸結果不很好；若是能從小事著手，就大多有一些成就。

※婚姻：雙方的個性一時難以配合，感情之進展不易。要學習相互體諒，將注意力轉移到高層次的目標，不要斤斤計較於一些瑣碎的小事。

※投資事業：經營之過程中，犯下了一些錯誤，也許是用人不當；或許是投資

錯誤。今後要謹慎從事，凡事要親力親為，不要完全依賴別人，每件事都要進入狀況，才不至於吃虧上當。

※考運：考運不佳，事先的課業準備也不充份，成績不好意料中事。未來應該再接再厲，踏實地求學問，希望就在明天。

※求職：求職的準備功課不夠，沒有朋友幫助，求職不很順利。多深入了解職場上的需求，針對這種人才需求，痛下苦功，以備未來還有出人頭地的機會。

第六十三卦　水火既濟

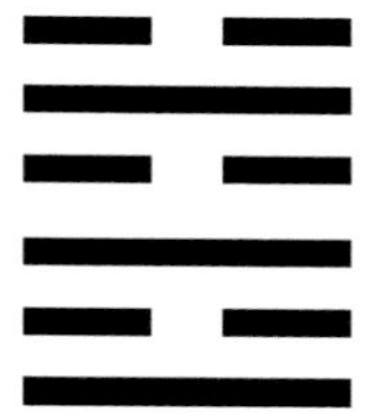

卦辭：既濟，亨，小利貞，初吉終亂。

初九，曳其輪，濡其尾，無咎。

六二，婦喪其茀，勿逐，七日得。

九三，高宗伐鬼方，三年克之，小人勿用。

六四，繻有衣袽，終日戒。

九五，東鄰殺牛，不如西鄰之禴祭，實受其福。

上六，濡其首，厲。

※運勢：表面上一切的事務，似乎顯得像是陰陽調和，一時平安和樂，其中或許是由於一時環境或人事的關係，暫時保持相安無事，但是這種盛況終非常久之象，氣勢以悄悄地開始敗壞。此時不可再昧於現實的表象，要節制，要三思而行，仔細觀察局勢的變化，因應順勢而為。

※婚姻：起初，雙方能夠互相吸引，但是過了一段時間，感受到對方的脾氣難以接受，已經開始了一些小爭執，婚姻難以再繼續。雙方都應該自我檢討，多檢討本身，不要苛求對方，各退讓一步，海闊天空。

※投資事業：開始時的興高采烈，已漸漸地被一些瑣碎事務打斷，投資計畫不易繼續。要認真地思考市場上的變化，學習企業的管理技術，敞

開心胸，重新出發。

※考運：以往雖然曾經有過好成績，但是都已成過去，最近的考試成績都不太理想。檢討讀書讀方式，是否已經變質了？讀書沒有捷徑，不能依靠運氣，要穩紮穩打。

※求職：市場上的職位很多，但是，都是高不成、低不就，求職不很順利。仔細地觀察市場的需求，針對這些需求，加強本身的學識職能，期望未來再有機會，就能有好的表現。

第六十四卦　火水未濟

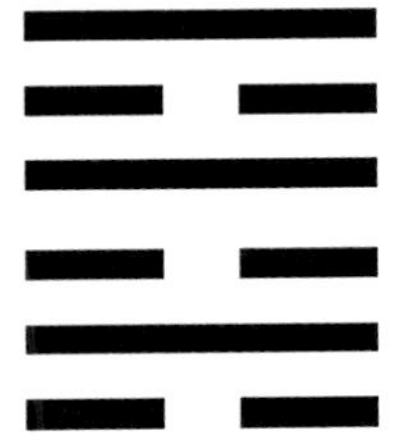

卦辭：未濟，亨，小狐汔濟，濡其尾，無攸利。

初六，濡其尾，吝。

九二，曳其輪，貞吉。

六三，未濟，征凶，利涉大川。

九四，貞吉，悔亡，震用伐鬼方，三年有賞于大國。

六五，貞吉，無悔，君子之光，有孚，吉。

上九，有孚于飲酒，無咎，濡其首，有孚失是。

※運勢：你的環境狀況表現出陰陽不調和，氣血不順之態，主凶中帶小吉之象。人事情緒不順應是最大的影響主因，幸好此卦會有否極泰來之變化，一切均會雨過天晴的，值得等待。此段期間，雖然你也很努力想要成功，但是由於本身實力不足，以致未能獲得相對的報酬，此後應多花一些心思和精力，學習解決問題的方法和技巧。

※婚姻：雙方剛開始交往時，會出現不順利的情形，兩人爭吵不斷，看似姻緣不成了，卻到後來柳暗花明，兩人的感情變得極為甜蜜。日子久了，也不要忘記曾經的海誓山盟，不要移情別戀，否則將會遺憾終生。

※投資事業：事業經營初期的時候，一切的繁雜事務尚未摸熟，此時難免煩心

煩惱，時日久了之後，開始了苦盡甘來，業務蒸蒸日上。勿忘創業的艱辛，還是要穩紮穩打，不可稍稍懈怠，以免自毀了根基。

※考運：考試成績已見到一次比一次進步，顯示用功有了成效。不可就此懈怠下來，仍要持續努力，以求更好的成績。

※求職：求職的希望已見曙光，只要再接再厲，緊抓住職場的需求，多加準備，你的能力會受到肯定。

二、我的「命理」緣份

我畢業於陸軍官校，在官校的受訓期間，我們學會了吃苦耐勞、學到了絕對服從，卻沒有學到獨立思考。因為在官校只是陸軍軍官的基本訓練，還很少有「謀略」的養成訓練，剛從官校畢業的我們，都是一些很單純、又魯直的年輕軍官。

我相信「命運」，相信我的命中安排了我該走的路。那一年，我想要報考「成大代訓」(插班成功大學)，為了培養軍中師資，那一年需要錄取六位進入成大數學系，初試錄取十二名，我很幸運，初試第三名，我滿心歡喜，卻並沒有因此自滿，初試錄取的同學，將集中在官校宿舍，接受一個半月的輔導，參加成大數學系的複試。在十二位初試錄取的同學之中，最用功的就是我，兢兢業業的念書參加成大的複試，複試的成績很不理想，有個題目幾乎是送分的題，一進考場，腦袋瓜一陣混亂，連最簡單的題目也答不出來，沒考取是所必然。沒考取，內心沮喪了一兩天，還是安安份份地回到部隊，繼續當我的副連長。上天認為我還不該去唸成大，我也認命就不去吧！

當副連長自認為也很出色，連長對我非常器重，什麼事都由我說了算，基地指揮官，也很欣賞我。對於兩年前報考成大一事，似乎都已經忘記了，我已經很認命，覺得上天就是要我在部隊中好好的幹。有一天，碰到一位已經退伍的同學，他在中部某單位擔任廠長，看樣子很受長官的器重。他和我聊起來，就問我，為什麼成大考了一次沒考取就放棄了？我應該有了一次的經驗，再考豈不是更好考？一句話驚醒夢中人，對！就再下決心，今年準備再報考一次。

一直見不到人事單位下達的報考的公文，最後總算找到一位在官校服務的朋友，打聽到今年招考的訊息，為了要報考，我請連上的人事士官幫忙到工兵學校報名。這位年輕的士官，很認真地到了工兵學校，請工校人事官，幫副連長報考成大代訓初試，工校人事官，很誠懇地告訴我的人事士官，他說你的副連長人事資料根本不在工兵學校，而且工校也沒有權力核准考試。我的人事士官，和工校人事官死皮賴臉扯了很久，最後工校人事官說，你把你們副連長的資料留下，他想想辦法。人事士官，回到連上向我如此的報告，這幾乎是沒法報考了，又死了心，不再想報考成大的事了。

過了幾個月，那天是星期六，照以往我換了便服準備回斗六，突然接到官校張叔叔的電話，星期一就是官校舉辦的初試，問我準備好沒有？剎那間，我愣住了，我就問不是沒有報上名嗎？張叔叔說，初試名單上有我的名字，叫我去考就是了。天大的好消息，幾乎像是死裡求生，興匆匆地拿了一本微積分，坐在火車上臨時抱佛腳。

已經是第二次參加成大代訓考試，這次老練得多了，初試考取第二名，又集中在官校接受集訓。到了複試的那一天，這次的心理輕鬆得多，考試方向大致抓得也對，考完英文，幾位考生相互討論試題，突然聽到大家談論的一些題目，奇怪，我怎麼沒看過這些題目？就問旁邊的一位考生，他告訴我，就在第一頁考卷的背面。天啊！我又傻眼了，我根本沒有翻到後面，這一大題平白就沒得到一分，今年豈不是又沒考取？

沒想到，複試發榜，我考取了第二名。老天讓我考取，先開了一個小玩笑。這是我對於一個人的「命運」，認識了第三次。

就讀成大數學系，插班三年級。數學系是極為難念的，三上我選修了三門數學課程，很認真地學完了一學期，有一科被「當」，三下只能修剩下的兩門數學科，結果又被「當」了一科，辛苦了一年只能順利讀完一門課，這種成績也實在令人洩氣。

到了四上，我一口氣選修了五門數學，有位同學說：「你選兩門數學，就「當」一門，現在你選五們數學，豈不是都要「當」光了！」我並不就此氣餒，拼命用功的結果，這一學期只有一門數學「補考」,「補考」也很順利，就都及格了。一時雄心萬丈，我想要在兩年之內畢業。

四下上課之前先要註冊，通常一學期最多只能選修 25 個學分，若是想在這一學期畢業，至少還得修 27 個學分，這需要系主任核准。我親自進到系主任辦公室，向他報告這件事，系主任很快地答應了，准許我選修 27 個學分，大家知道這件事，都瞪大了眼睛，認為這是件不可能的事。我的數學程度越來越強，已經可以和很多同學討論問題了，感覺上進步了很多。

期末考試，系主任監考站在我考試桌前面，輕聲地問我，這學期能畢業嗎？我回答說，這是最後一科，如果及格了就能畢業。看著系主任點了點頭，我知道這門課一定會及格了，果不然得到了 79 分。兩年，我完成了別人四年都完成不了的課程。兩年前，複試以第一名進入成大的那位同學，一直都畢不了業啦！

自此以後，我的軍中生涯，都在學校教學單位度過。又過了三年，順利地完成了管理研究所碩士學位，進入陸軍官校大學部擔任講師，大學教師除了教學之外，本身也需要不停地進修，不斷地作研究。再三年，全陸軍考選一位到美國進修博士學位，很幸運地，我考取了。期間又經過了托福考試及格，申請學校等等瑣碎事宜，雖然麻煩，也都一一克服了，順利進入美國凱斯西儲大學管理科學研究所攻讀博士學位。

來到了美國，和幾位軍校學長、學弟住在一起，每天有說有笑，自己做飯自己做菜，生活得很愉快，有時候半夜醒來，竟然搞不清楚自己到底到了美國沒有？一天晚上做了一個夢，我和一位也到美國進修博士學位的黃學弟，兩人信步走到了一處看似山洞的地方，只見從山洞裡慢慢地爬出了一個人頭蛇身的動物，這個怪物頭髮捲曲、汙垢，看樣子並不很和藹，但是我對她卻是沒有一點畏懼，似乎還有些親切。怪物慢慢地爬到了我的身邊，這個女神（事後的感覺）輕聲地告訴我，要我離那位黃學弟遠一點，我點頭答應了。事後證明，這位黃學弟和我同時出國，在另一州進修，卻始終沒有拿到學位。

中國學生到美國唸書，除了英文比不過老外，其他各方面都是得天獨厚，求學的過程都很順利。到了該寫博士論文的時候了，一天晚上，一夜沒睡覺寫出了七個統計學定理，第二天一早興沖沖地告訴一位學長，這位學長只是淡淡地說，這七個定理做什麼用？一時間我愣住了，這一晚又開夜車，非把這件事弄清楚不可。原來我發明的定理式子非常龐大，不像一般的定理簡約明白，下決心要把它簡化好用才行。

又是一夜沒睡，我把龐大的公式設法一一簡化，最後都變得很精簡了，卻發現我所提出來的公式，和統計學既有的公式完全一樣，一時洩氣了，原來努力了好幾天，只不過是做了一個大習題，此時，不由得不佩服統計學先賢們的智慧，他們的睿智超前了好幾百年。

系上有幾位同學事先已經知道我發明了七個公式，很快就要畢業了。這些大話，現在已經破滅了，再見到他們怎麼圓這個不實的大話？又讓我愁了很久。日思夜想，終於想出了一點曙光，正興沖沖地想要完成一個重要的定理，突然，像是斷了電源，再往下該怎麼寫？竟然好幾天都想不出來。沒有完成這個定理之前，每天吃睡都是昏昏沉沉的，不論在走路、在吃飯、在睡覺，腦子裡都是那個定理在縈繞著。

一天晚上，有一位資訊系的同學來到我的住處，和我一起看電視，一直看到了午夜十二點多。面前的電視裡演的什麼內容，一點都沒看進去，腦子裡儘是論文定理，旁邊還不時的要應付這位同學的嘮叨。突然，腦中靈光一閃，不知是電視裡的情節，還是這位同學的話語，帶來了論文定理的啟發。我趕緊推開同學，告訴他我要睡覺了，要他回家去。這一晚，很興奮地把這個延宕了很久的定理完成了。事後再三思索，道底是哪一處環節讓我突然開了竅？數十年後仍然沒有答案，不得不相信冥冥中自有安排的「命理」。

多年後，我在義守大學工管系任教，有一位我所指導的林姓博士生，也偶而和我談論到命理的問題，那時我對於《易經》還不十分投入，對於「命理」問題也沒有入門，林同學告訴我，他在鄉下有一位遠房的舅舅，雖然讀書不多，但是對於「命理」很厲害，當時我就表示，希望有一天能像他舅舅請教。一週後，林同學從鄉下老家回到學校，告訴我說他舅舅說：「你老師的「命理」之術已經很厲害了，已經有很大的創見，根本不用向他請教。」聽完之後，只感覺這是一句客套話，也沒有放在心上。林同學卻說，他舅舅是鄉下人，說話一向很誠實，不會隨便恭維別人，我更是半信半疑，一時也感覺不出，我的「命理」技術，到底能有什麼創見？不過就是憑著這句話，倒是鼓舞了我對於「命理」技術的更加鑽研，後來果然也有一些原本意想不到的發現，這些發現把它稱作是創見，似乎也是可以。

內人有一位同事—邱老師，年輕時在軍中服務，軍階是士官長，現在則從事人體整復工作，據說他有「陰陽眼」，能看到一般人所看不到的事情。他告訴我內人，說我前世就是學過「命理」的，難怪到了今世，對於各種「命理」技術，一觸即通。

三、卦序之推論

八卦有先天與後天之分，同樣的，六十四卦也有先天和後天不同。（還有中天六十四卦、連山易六十四卦和歸藏易六十四卦，等等。）

先天六十四卦之卦序，究竟是誰提出來的？沒人知道，也少見文獻探討此一問題。

本研究提出，先天六十四卦，可以用一個公式，即能完全表現六十四卦。也就是說，在大自然的情況下，六十四卦所表現的六十四個「狀態」，是一個「整體」，此一「整體」表現出宇宙間的自然「狀態」，它不會輕易地更動，亦即，在這個「整體」之下，宇宙間的各種大自然的「狀態」不會有「隨機變動」之說。

（一）從卦象可以得知，先天六十四卦之卦序

先天六十四卦的公式為：

$$y = 64 - 32x1 - 16x2 - 8x3 - 4x4 - 2x5 - x6 \qquad (1)$$

(1)中，y 代表先天六十四卦之卦序，各 xi 表示各卦之各爻，當該爻為陽爻，則 xi=1；當該爻為陰爻時，則 xi=0。

例如：「乾卦」，其六個爻，自初爻至上爻之陰陽狀態為〔1，1，1，1，1，1〕，將此六個爻之狀態代入（1）式，則：y= 64 -32*1-16*1-8*1-4*1-2*1-1 = 1，即可知道「乾卦」在先天六十四卦之排序為“1”。

再例如「山天大畜卦」，其六個爻，自初爻至上爻之陰陽狀態為〔1，1，1，0，0，1〕，將此六個爻之狀態代入（1）式，則：y= 64 -32*1-16*1-8*1-4*0-2*0-1 = 7，即可知道「山天大畜卦」在先天六十四卦之排序為“7”。

「坤卦」，其六個爻，自初爻至上爻之陰陽狀態為〔0，0，0，0，0，0〕，將此六個爻之狀態代入（1）式，則：y= 64 -32*0-16*0-8*0-4*0-2*0-0 = 64，即可知道「坤卦」在先天六十四卦之排序為“64”。

（二）從卦序可以得知，此卦在先天六十四卦的卦象

1. 設定各爻皆不變動的常數為：

〔32，16，8，4，2，1〕 （2）

2. 若某一卦為第“k”卦，則以 k-1 之數，配合上述之常數，即可得知此卦之卦象。

例如：先天六十四卦之第“2”卦。k=2，則，k-1=1，在（2）式中，只需變動第六個爻“1”即可，因此可知，此卦應為〔1，1，1，1，1，0〕，此卦上卦為「兌」，下卦為「乾」，因而可知，此卦為「澤天夬卦」。

例如：先天六十四卦之第“5”卦。k=5，則，k-1=4，在（2）式中，只需變動第四個爻“1”即可，因此可知，此卦應為〔1，1，1，0，1，1〕，此卦上卦為「巽」，下卦為「乾」，因而可知，此卦為「風天小畜卦」。

（三）後天六十四卦之探討

後天六十四卦，就無法用一個公式就能涵蓋「整體」。六十四卦表現出宇宙間的六十四個「狀態」。宇宙間的「狀態」與「狀態」之間，一直不停地以「隨機變動」的變動著，此間的變動間隔時間，可能是數月、數日、數時，甚至於不到一秒鐘，就會由上一個「狀態」，「隨機變動」到下一個「狀態」。宇宙之間的萬事萬物，都是一直這樣變動著。

描述每個「狀態」的變動，太瑣碎了，我們把後天六十四卦中，每相鄰的四個卦，把這四個「狀態」組成一個「性質相近」的空間「構面」。坐落在此一「構面」的事物，其駐留的時間要比在單一「狀態」下，要久一些，但是，這個構面仍然是「隨機變動」的，「隨機」著從上一個「構面」，變動到下一個「構面」。

後天六十四卦所組成的這些「性質相近」的空間「構面」，排列於空間，就像一片、一片的魚鱗緊連著，因此也稱這些構面為「麟櫛構面」。每一片「麟櫛構面」是由相鄰的四個卦所組成，此一「麟櫛構面」也是由「象」和「數」

所構成的，只不過此處的「象」，非常抽象，無法用簡單的辭彙予以描述，在此每一個「麟櫛構面」，只能用一個「構面函數」來形容每一個「麟櫛構面」。

第一個「麟櫛構面」，係由六十四卦的第一、二、三、四卦所組成（「乾、坤、屯、蒙」，其代表之「構面函數」為：

$$y1 = 2 + 2x2 - 4x4 + x5 \qquad (2)$$

第二個「麟櫛構面」，係由六十四卦的第二、三、四、五卦所組成（「坤、屯、蒙、需」，其代表之「構面函數」為：

$$y2 = 2 + 2x2 + x5 \qquad (3)$$

第三個「麟櫛構面」，係由六十四卦的第三、四、五、六卦所組成（「屯、蒙、需、訟」，其代表之「構面函數」為：

$$y3 = 1 + 2\ x2 + 2x5 + x6 \qquad (4)$$

第六十二個「麟櫛構面」，係由六十四卦的第六十一、六十二卦所組成（「中孚、小過」，其代表之「構面函數」為：

$$Y62 = 62 - x2 \qquad (63)$$

第六十三個「麟櫛構面」，係由六十四卦的第六十二、六十三卦所組成（「小過、既濟」，其代表之「構面函數」為：

$$y63 = 64 - x4 \qquad (64)$$

第六十四個「麟櫛構面」，係由六十四卦的第六十三、六十四卦所組成（「既濟、未濟」，其代表之「構面函數」為：

$$y64 = 63 + x2 \qquad (65)$$

第六十五個「麟櫛構面」，係由六十四卦的第六十四、一、二、三卦所組成（「未濟乾、坤、屯」，其代表之「構面函數」為：

$$y65 = 2 + 62\ x2 - 64x3 + x5 \qquad (66)$$

自（2）式至（66）式，共有六十五個「麟櫛構面」，這些「麟櫛構面」採用了「卦序」的「緣度」觀念，就像魚鱗般似的，一片接一片，這些「麟櫛構面」

在宇宙間，也是一片接著一片地「隨機變動」著。

這些「麟櫛構面」通常都是由四個「卦」所組成，然而在第六十二個「麟櫛構面」中，只能包含第六十一、六十二卦，顯示此一「麟櫛構面」只有在這兩個卦，才能保持較長時間的穩定，若有第六十三卦進入此一構面，則很快就會隨機變動到下一個構面。

（1）式，是代表第一個「麟櫛構面」的函數，當此構面中某一個卦隨機變動，就會有下一個卦進入，此時的構面就形成了第二個「麟櫛構面」。在第一個構面中隨機離去的是第一個卦（若是第一個卦，駐留在第一個「麟櫛構面」非常短，就形成了第二個卦的隨機變動，因而，通常都是從每一「麟櫛構面」的第一個卦先隨機離去來討論。），此時觀看，以（2）式預測第五卦（需），其預測序數亦為“5”，顯示（2）式不僅可以描述第一至第四卦，也可以用來描述第五卦，因而，很自然地，若是第一卦離開第一個「麟櫛構面」，由第五個卦補進來，應該很吻合；再看（3）式，是代表第二個「麟櫛構面」的函數，當此一構面的第一個卦（坤）隨機離去，以（3）式預測各卦，顯示以第六卦（師），所預測之序號為“5”，此一序號，較其他各卦之預測最為接近，因此，若是第二卦離開第二個「麟櫛構面」，由第六個卦補進來，形成第三個「麟櫛構面」應該是最能接近者；其他各「麟櫛構面」之隨機變動，亦如此一景況，由「麟櫛構面」之說明，可以解釋了後天六十四卦，何以是這個卦序。

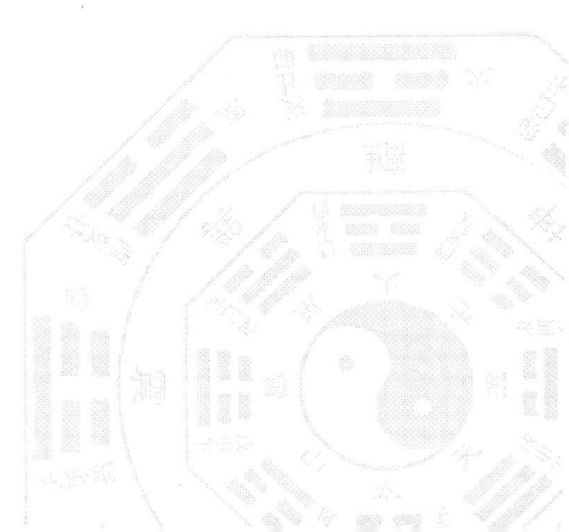

國家圖書館出版品預行編目資料

綜觀《周易》卜筮／薄喬萍 著.--臺中市：天空數位圖書，2020.10

面：21*29.7 公分

ISBN：978-957-9119-95-5（平裝）

1. 易占

292.1　　109016995

發 行 人：蔡秀美

出 版 者：天空數位圖書有限公司

作　　者：薄喬萍

版面編輯：編輯組

美工設計：設計組

出版日期：2020 年 10 月

銀行名稱：合作金庫銀行南台中分行

銀行帳戶：天空數位圖書有限公司

銀行帳號：006-1070717811498

郵政帳戶：天空數位圖書有限公司

劃撥帳號：22670142

定　　價：新台幣 350 元整

電子書發明專利第 I 306564 號

Family Sky

紙本書編輯印刷：
電子書編輯製作：
天空數位圖書公司 E-mail：familysky@familysky.com.tw　http://www.familysky.com.tw/

地址：40255台中市南區忠明南路787號30F國王大樓　Tel：04-22623893　Fax：04-22623863